スピノザ『神学政治論』を読む

上野 修

筑摩書房

目次

スピノザ『神学政治論』を読む

Baruch de Spinoza

はじめに

スピノザ〈Baruch〈Benedictus〉de Spinoza 一六三二—一六七七〉といえばまずは『エチカ』という相場になっている。しかし歴史の上でスピノザの名を一躍有名にしたのは、むしろ『神学政治論』だった。思想史家ポール・ヴェルニエールが言うには、スピノザは十七世紀ヨーロッパ世界に「不気味なかたまり」のように登場した。不気味なかたまり、である。その表現のとおり、『神学政治論』（*Tractatus Theologico-Politicus*）は三百年たった今も消化しきれない異物みたいに転がっている。

たしかにスピノザは、はじめからちょっと外れていたのかもしれない。生まれたのはオランダ（当時はオランダ共和国）のアムステルダムだけれど、家はイベリア半島から迫害を逃れてきたユダヤ人の家系である。それで小さいころからユダヤ教団の律法学院で勉強した。なのに、成人してまもなく異端の廉《かど》で教団を破門され、ユダヤ人コミュニティーから追放されている。一六五六年のことである。そして一六七〇年、問題の『神学政治論』が出る。この本にはキリスト教会が黙っていなかった。「前代未聞の悪質かつ冒瀆《ぼうとく》的な書物」などとさんざんに罵《ののし》られて売買禁止をくらう。匿名出版にもかかわらず、スピノザが書いたということはじきに知れ渡った。共和国レベルの禁書令が出るころには模造版が地下ルートで出回っていたらしい。そう、『神学政治論』はとてもアブナい「無神論」と見られたのである。

どれどれ、とわくわくしながら読もうとすると、これがすこぶる難物なのである。あの『エチカ』の幾何学的証明の難しさではない。ふつうの文章なのに、よくわからない。これは、何というか、一種得体の知れない本なのだ。

邦訳が岩波文庫に上下二巻本で入っているので、ご自分で一度手に取ってごらんになるとよろしい。別表(一〇～一一頁)に目次をあげておく。見るとわかるように、全二十章からなるこの本は、特に前半は預言だの奇蹟だの律法だのと聖書にかかわる話がほとんどである。あちこちに旧約聖書からの引用が散らばっていて、幾何学的な『エチカ』とはぜんぜん雰囲気が違う。後半部は民主的な共和国を論じているように見えるが、なぜかそれも聖書のヘブライ神政国家の話に重なっていて、これはちょっと……と聖書の世界に迂遠《うえん》な者は腰が引けてしまう。が、本当に難しいのはそういうことではない。

ややこしいのは、スピノザが同じ「神」という言葉で、聖書の人格神と似ても似つかぬ存在を考えていたことだ。『エチカ』の神である。スピノザは「神あるいは自然」と言う。

それは人類を世界の外から見守っている創造と審判の神ではない。『エチカ』によればわれわれのいるこの世界がそっくり「神」であって、銀河も地球も人間も石ころも、みなこの「神あるいは自然」の具現である。どこまでいってもその外がない現実、それをスピノザは神だと言っているのである。自然という名の神には目的も何もない、ただ自分自身の必然性から存在し一切を生み出しているだけだ。こんなミもフタもない考えは、もう異端を通り越して唯物論か無神論のように思える。そういえば、『エチカ』では人々の信じている「主人」みたいな神はまったくの偏見、幻想である、と言われていた（第一部付録、第四部序言）。

そんなスピノザが書くのだから、『神学政治論』は当然、攻撃的な無神論だと思うではないか。宗教は迷信であって支配の道具にすぎない。人々よ目を覚ませ、というふうに。ところが、である。実際に読んでいくと、なんだか様子が変なのである。

スピノザは、聖書は真理など教えてはいない、ただ服従を教えているだけだと断言する。さすがは無神論者、大胆なことを言うわいと思っていると、こう続ける。だからこそ聖書は神聖であって、私は聖書の権威を台無しにするあらゆる試みから「神の言葉」を守るつもりだ。そんなことを言う。いや、少なくともそう言っているふうに見える。

読んでいくと変なところはいっぱいある。たとえば聖書の預言者はまったく無知だった

『神学政治論』の章構成

序　文
第1章　預言について
第2章　預言者について
第3章　ヘブライ人たちの召命について。また預言の賜物はヘブライ人たちにのみ特有であったかどうかについて
第4章　神の法について
第5章　諸々の祭式が制定された理由について。また史的物語への信憑、すなわちそうした信憑がなぜ、まただれにとって必要であるかについて
第6章　奇蹟について
第7章　聖書解釈について
第8章　本章にはモーセ五書ならびにヨシュア、士師、ルツ、サムエル、列王の諸巻がこれらの人々自身によって書かれたのではないことが示される。その後で、これらの諸巻の著者が数人であったか、それとも一人であったか、一人であるとすればいったいだれであったか、について探究される
第9章　これらの諸巻に関する他の研究、すなわちエズラはこれらの諸巻に最後の仕上げをしたかどうか、ヘブライ写本のなかにある欄外注は異なる読み方を示したものかどうか
第10章　旧約聖書におけるその他の諸巻が上記の諸巻と同様の仕方で吟味される
第11章　使徒たちは彼らの書簡を使徒としてまた預言者として書いたのか、それとも教師として書いたのかが探究される。次いで、使徒たちの職分の何たるかが示される
第12章　神の真の律法の契約書について。またいかなる理由で聖書が聖なる書と呼ばれ、またいかなる理由でそれが神の言

葉と呼ばれるのか。そして最後に、聖書はそれが神の言葉を含むかぎりにおいて、損なわれざる形でわれわれに伝承されたことが示される

第13章　聖書はきわめて単純な事柄だけを教え、服従以外のなにものをも目的としておらず、また神的本性については人々が一定の生活の仕方によって模倣できるようなもの以外は何も教えていないことが示される

第14章　信仰の何たるか、信仰者のだれたるか、信仰の諸基礎、が規定され、ついに信仰は哲学から分離される

第15章　神学は理性に仕えず、理性も神学に仕えないことが示される。そしてわれわれが聖書の権威を納得する理由

第16章　国家の諸基礎について。各人の自然的および市民的権利、また最高権力の権利について

第17章　なんぴとも一切を最高権力に譲渡することはできないし、またその必要もないことが示される。さらにヘブライ人の国家がモーセの在生時代にはどんなふうであったか、モーセの死後、諸王が選ばれる前には、どんなふうであったか。またその国家の優越性について。最後にまた神の国が滅んだり、ほとんど騒擾なしには存続し得なかったのはなぜか

第18章　ヘブライ人たちの国家と歴史から若干の政治的な教えが結論される

第19章　宗教に関する法はまったく最高権力のもとにあること、またわれわれが神に正しく従順であろうとするなら、宗教の外面的な規律は国家の平和に順応させねばならぬことが示される

第20章　自由な国家においては各人はその欲することを考え、その考えることを言うことが許される、ということが示される

がそれでも十分信じるに値する、とか、七箇条からなる「普遍的信仰の教義」(?)なるものをわざわざ書き出して、これは真理である必要はないけれど万人が受け入れる義務がある、などと言っている。国家と宗教にしても、その結託を批判するどころか、国家は不敬虔な者を断固処罰する権限を持つ、などと言っている。つまり、どういうわけか「無神論者」と目される哲学者が聖書の権威を擁護しようとしているように見える。それもなんだか奇妙な仕方で。

何だろう、これは?

そんなの無神論の計算された戦略さ、と言うのは簡単である。実際、高名な政治哲学者レオ・シュトラウスの偽装説にならってそんなふうに言う研究者は少なくない。考えてもみよ、当時は教会に行かないというだけで白眼視される時代である。無神論は迫害にそなえ偽装しなければならない。用心ゆえのカモフラージュかもしれないし、一般読者への配慮かもしれないが、いずれにせよ本心は別なところ、恐るべき無神論の伝播にある、読者よウラを悟れ、というわけだ。『神学政治論』という本はあちこちで一見矛盾したことを言っているように見えるので、そう読まれてしまうのも無理はない。あとで見るように、当時の読者もたいていそう受け取った。うわべは敬虔を擁護するようなことを言いながら、こいつは密かに無神論を説こうとしているのだと。しかし、そうだろうか。どうも私は、そんなふうに片づけるとスピノザのとても大事な部分を見落す気がする。ひょっとすると、スピノザの一見奇妙な議論は、案外ストレートで真剣なものかもしれない。彼の場合よくあることだが、透徹した論理がかえって得体の知れない感じを与えているのかもしれない。

いずれにせよ『神学政治論』は無神論の常識を裏切る。だから得体が知れない。しかしそれは、この書物がわれわれの知らない未知の可能性を秘めているということではないか。あれから何百年もたった今日、なぜか宗教も国家も終わらないし、紛争と平和が宗教抜きで語れないという状況もなくなりそうにない。不思議と言えば不思議だが、ひょっとするとスピノザはそこまで見通して何か大事なことを言っていたのかもしれない。そしてこれは、きっと『エチカ』だけ読んでいてもわからないのである。

というわけで、スピノザ哲学のエッセンスを語ろうとするなら『神学政治論』は避けて通れない。スピノザが哲学でもって実際に何かをしている、その現場がそこにはある。だから腰を据えて、これはいったいどういう書物なのか謎を解く必要がある。スピノザは慎重な人だが、大胆なこともわりと平気で言ってしまう人だ。われわれも慎重に、かつ大胆に読んでゆきたい。そのためには『エチカ』はもちろんのこと、最後の著作となった『政治論』も視野に入れねばならないし、歴史的な状況も踏まえておかないと話にならない。まま、大変だけれど、やってみる価値はある。それに、もし「無神論者」が宗教を擁護するなどというちょっとありそうもない事態が本当にあるなら、極東のわれわれのほうが理解するには都合がよいかもしれない。

*

手に取られた本書は目次でごらんのように三つの部分から構成されている。

第Ⅰ部「『神学政治論』のエッセンス」は著作の全体像を描く。もとはNHK出版のシリーズ・哲学のエッセンスの一冊として書かれたものをまるごと再録しているので、独立した入門として読める。

第Ⅱ部「分析と論争的読解」は問題ごとに突っ込んだ議論に入る。シュトラウス、トゼル、マトゥロンといった先達の研究との争点が気になる方は、ぜひ読んでいただきたい。

第Ⅲ部「『神学政治論』と現代思想」では趣向を変え、アルチュセールとネグリの所論から『神学政治論』の可能性を捉え返す。スピノザはなかなか過去の人になってくれないのである。

なお巻末には「スピノザ小伝」を添えた。これも先のシリーズ・哲学のエッセンスから引き継いだものである。

I

『神学政治論』のエッセンス

第1章　『神学政治論』は何をめぐっているのか

ひとつ奇妙なことがある。岩波文庫の『神学政治論』（初版でなく戦後出た版。なお、同文庫版の表題は『神学・政治論』）の扉を見ると、翻訳者の畠中尚志さんが原書にない副題を付けていて、「聖書の批判と言論の自由」となっている。なるほど、とわれわれは想像する。スピノザを攻撃したのは反動的な神学者たちだったにちがいない。宗教は支配の道具にすぎないと民衆に気づかれるのはまずい、だから政治権力も彼らとグルになってスピノザの言論を封殺しようとした。――ところがこの予想、全部ハズレなのである。

第一に、『神学政治論』に対する攻撃はたくさんあったが、そのうちでも一番激烈だったのは、こともあろうに当時もっともリベラルで進歩的な「デカルト主義者」たちからのものだった。哲学の自由、言論の自由の論陣を張っていた人々が攻撃に回ったのである。第二に、禁書処分を下したのはフランスの絶対君主のような権力ではない。自由と寛容の誉れ高いオランダ共和国の、やはり比較的リベラルな市民政府が禁書に動いたのである。そして第三に、民衆はスピノザにとってもっとも警戒すべき存在だった。スピノザは民衆が迷信から目覚めるなどとは思ってもいない。彼らには『神学政治論』をぜったい読んでほしくないと序文で断っている。

だから、ありきたりの啓蒙主義的ストーリーは、『神学政治論』にはまったくといっていいほど通用しない。ことははるかにデリケートで複雑なのである。そこで、この章ではまず、当時の神学政治論的な状況を押さえる。その上で、スピノザはいったいどういう問題に答えようとして『神学政治論』を書いたのか、はっきりさせよう。

オランダ共和国

手始めに、この当時のオランダという国について少し。

ご存じのように十七世紀といえば、フランスのルイ十四世に象徴される絶対主義の時代である。ところがオランダは例外だった。オランダは絶対王政スペインを相手に独立戦争をやっている。スペインはカトリックによる異端審問がひどかったが、その支配から自由を勝ち取ってできた新教国オランダ共和国は、海に向かって開けた自由と寛容の新興国家だった。人文主義者エラスムスの国、国際法の父と言われるグロチウスの国である。強大な教権も宮廷もなく、絶対君主も廷臣もいない。近世日本の堺のように「レヘント」と呼ばれる裕福な商人階層が勢力の中心になっていて、アムステルダムをはじめとする貿易都市を核とした北部七州の、ゆるやかな連合から共和国は成り立っていた。有名なレンブラントの「夜警」で、誇らしげに集結しながらめいめい勝手なポーズをとっている市警団の、あの雰囲気である。あるいはフェルメールの描く飾り気のない室内と人物。そういえばスピノザはフェルメールとほぼ同い年だ。

こういう国だから、自由と寛容はむしろ共和国政府のモットーだったのである。ヤン・デ・ウィットという人物が当時の国政のトップにいたが、この人も有能な議長のようなもので、君主でも何でもない。数学の愛好者であったらしい。彼のあまりにこぢんまりとした住居に、外国からの賓客が驚いたという話がある。

自由と寛容はエラスムス以来、この運河と風車の国の理念だった。もちろん理念だけでこうなるわけではない。ひとことで言うと、共和国はいろいろな宗派や民族のモザイク状態のまま成立してしまったので、特定のブロックが他を圧倒するというふうにはいかなかったのである。いちおうカルヴァン派が正統ということになっているけれど、信者人口では過半数に達しない。ほかにもカトリック教徒はもとより、メンノー派やルター派等々プロテスタント諸派がひしめいている。なんとも雑多な国で、ユダヤ人もここだから受け入れてもらえたのだろう。こういう気風は新進の思想を引きつける。偉大なデカルトは共和国のあちこちをやたら引っ越ししながら暮らした。ロックやピエール・ベールも祖国を逃れてここで仕事をしていた。科学者ホイヘンスが実験し、スピノザが第一級の光学レンズを磨く。活気に満ちたアムステルダムは出版の一大中心地となり、新思想の発信拠点になっていた。堤防に並ぶ無数の風車でせっせと水をかき出しながら、国中にはりめぐらされた運河が人と知と物を運んでいくオランダ。天の配剤か、この連邦国家はカモメの一団のように都市のゆるい連合から成り立っていて、地理的にも政治的にも「中心」ができにくい構造になっていた。そしてそこに自由の実験のチャンスと試練があったのである。

自由の実験のチャンスと試練。『神学政治論』を読むときは、いつもこの文脈を忘れてはならない。いつの時代にも「過度の自由」を敵視する人たちはいるものだ。同じカルヴァン派教会でも、締め付けを求める正統派とリベラルな分派の対立があった。これにはかつての教義論争がかかわっていて、カルヴァンの厳格な予定説をとるか、人間の自由の余地をあるていど認めるかで対立していた。おおざっぱに言えば、頑固な正統派の聖職者や神学者たちは前者、ヤン・デ・ウィットを頭とする都市の商人層レヘントたちは後者に属する。これはもちろん政治的イデオロギーの対立と重なっていた。政治的に言うと、レヘントたちはたぶんに実利主義的な理由から共和国政府の寛容政策を支持する「共和派」であり、正統派勢力は逆に強権的な社会の締め付けを望む「総督派」だった。総督派は独立戦争時の軍事的リーダーの総督を担ぎ上げて君主制にもってゆきたい。そのためにはクーデターも辞さない構えだったのである。自由が牧歌的であったためしはない。共和国の自由と寛容は「共和派」と「総督派」の緊張関係の上に、いわば危なっかしく乗っかっていた。

で、「民衆」はどちらを支持していたかというと、多くは総督派を支持していたのである。彼らは「自由と寛容」に反感を抱き、総督派の聖職者たちの説教にしばしば煽動されていた。これは他人事ではない。たとえばスピノザが当時の共和国の自由をどんなふうに讃えているか、ちょっと見ておこう（スピノザからの引用は第Ⅰ部では岩波文庫の頁で示すことにする。ただし訳文は少し変えてあるところもある）。

アムステルダム市こそはその〔言論の自由を実現した〕例であり、この都市はそのみごとな繁栄とあらゆる民族の驚嘆とともにこの自由の果実を享受している。この栄える共和国、この卓越した都市ではあらゆる種類の民族・あらゆる種類の宗派に属する人間がみなきわめて和合的に生活しており、また彼らが人に信用貸しをするにあたってはその人間が富者か貧者か、またその人間の平素の行動が正直か欺瞞的かを知れば足りるのである。

（『神学政治論』第二十章、下巻二八六頁）

何を言ってるんだ、そんなのは金儲けのための自由じゃないか。「自由と繁栄」「あらゆる民族・あらゆる宗派の共存」などとふやけたことばかり言っているから国のモラルは低下する一方なのだ。こんなふうに言いたくなる人なら、あの時代、聖職者の説教に煽動されて総督に喝采する民衆、自由勢力を「不敬虔のやからども」とののしる民衆の一人でありえただろう。いまお話ししている『神学政治論』出版の二年後、共和派の首魁《しゅかい》ヤン・デ・ウィットは兄とともに路上で暴徒に囲まれ、惨殺される。お前が寛容や自由ばかり言って祖国の守りをおろそかにしたから外国軍の侵入を招いたのだ、と文字通り吊るし上げられ、切り刻まれたのである。伝えられるところでは、普段もの静かなスピノザはこの暗殺に激昂して、「この上ない野蛮人ども！」と記した弾劾文を街頭に貼り出そうとしたらしい。下宿の主人が押しとどめなかったなら、彼もどうなっていたかわからない。『神学政治論』はこういうなかで書かれた。少し長いが、序文から引用しておきたい。

私は知っている。敬虔の名の下に心に抱かれたあの諸々の偏見は精神のうちにきわめて頑固に固着しているということを。また民衆から迷信を取り去ることは恐れを取り去ることと同等に不可能であること、そして民衆の変わらなさは頑迷さであって理性の導きなどおかまいなく、ものごとを衝動のままに賞賛したり非難したりするということも知っている。ゆえに、民衆ならびに民衆とともにこうした感情にとらわれている人々にはだれもこの本を読んでもらいたいと私は思わない。いやむしろ彼らがこの本を、万事に対してそうであるように見当違いに解釈して不快な思いをしたりするよりは、かえって完全に無視してくれたほうがよい。そんなことをしても彼らには何の得にもならないばかりか、他の人々に邪魔立てするに決まっている。他の人々というのは、理性は神学の婢《はしため》でなければならぬという考えさえなければもっと自由に哲学しているはずの人々のことである。実にそうした人々にこそ、この本はもっとも有益であると私は確信しているのだから。（序文、上巻五六頁）

明らかであろう。スピノザが『神学政治論』を読んでほしかったのは民衆ではない。本当なら「もっと自由に哲学しているはずの人々」である。引用のちょっと前でスピノザは「哲学的読者諸君」と呼びかけている。いろいろ解釈があるが、当時の状況を考えると、それは共和派の寛容政策を強力に支持していたリベラルな知識人、「デカルト主義者」のことを言っているとしか考えられない。これから見るように、彼らはすでに総督派支持の神学者たちとの激烈な論争に巻き込まれていた。哲学の自由を主張し、理性は神学の婢なんかじゃないと論陣を張ってがんばっていたのは彼らデカルト主義の知識人層だったのである。だからこそ、いったいなぜ彼らが『神学政治論』の攻撃に回ったかが問題になるわけだ。

ともあれ、スピノザはなぜその彼らのことを、「理性は神学の婢でなければならぬという考えさえなければもっと自由に哲学しているはず……」などと言うのだろうか。神学のプレッシャーを撥ね返し哲学の自由を主張していたのは、まさに彼らなのに。

私は、スピノザは問題をよく見ていたのだと思う。これから見るように、この時代、理性は自分自身の影におびえていた。彼らデカルト主義者たちは思想言論の自由を掲げながら、心の底で、理性は放任しておくとやはりまずいのではないかという不安におびやかされていた。ネックはやはり宗教である。今日「真の自由、真の平等」とわれわれが言うのと同じように、当時の共和国では「真の宗教」ということが言われていて、この理念抜きに社会はありえなかった。理性の自由、批判の自由ばかり言っていると、信仰まで危なくなってしまわないか。そんな危惧が蔓延《まんえん》し始めるなか、共和国の自由の実験はいわば内側から頓挫《とんざ》しかねない状況だったのである。

デカルト主義者たちの不安

手短に状況を見ておきたい。まず、デカルト主義者。これはもちろんデカルト哲学の合理主義にコミットしていた人々のことである。「われ思うゆえにわれあり」で有名なデカルトだが、彼が科学者でもあったことを忘れてはならない。「明晰かつ判明に知られなければ決して真とは認めない」というデカルトの立場は、今で言うと科学的合理主義のようなものとして、早くからこの国の大学に浸透し一大勢力になりつつあった。細かく言うと、今なら教養部にあたる技芸学部でデカルト人気が高まり、相変わらず伝統的なスコラ哲学を基本にしていた神学部は強い危機感を抱いた。そこでフーティウスのような神学者が筆頭に立って当局に働きかけ、デカルト哲学の閉め出しをはかったのである。教養部と専門学部の対立といったところだが、それではすまない。というのもフーティウスらは総督派支持であり、かたや共和派支持者のほとんどは、大学の内外を問わずデカルト主義者かそのシンパだったからである。対立は大学の枠をこえて国中を巻き込み、共和国政府の寛容政策そのものが問われる騒ぎに発展していく。

問題が微妙なのは、神学者たちの側が「不敬虔」の告発という形をとったことだ。デカルト主義は聖書に反するというのである。たとえばデカルト自然学の地動説は聖書の記述と両立しない、不敬虔の疑いがある。あんまりの言いがかりのように聞こえるが、今日でも、進化論は聖書に反するから教えるべきではないなどと息巻く人々がいるのである。まして、オフィシャルに聖書は神の言葉であるということになっていた時代のこと、「不敬虔」は「ヒコクミン」と言われるようなものであっただろう。そしてもし本当に不敬虔なら、いくらリベラルで寛容な共和国政府でも放置はできない。こういうわけで、「理性は聖書に反するか否か」というデカルト自身は慎重に避けていた問題が、自由を主張する知識人たちの上に重くのしかかってきた。

デカルト主義者たちはどんな論理で対抗したのだろう。彼らのなかにはレネルス・ファン・マンスフェルト（Regnerus van Mansvelt）のような哲学教授、クリストファー・ウィティヒウス（Christopher Wittichius）のような共和派神学者（コッケイウス派と呼ばれていた）、あるいはランベルト・ファン・フェルトホイゼン（Lambert van Velthuysen）のような市井の知識人（彼は政治家でもありユトレヒト市の助役を務めている）など多彩な論客がいた。けれど論理の基本はかわらない。「神学と哲学の分離」、これが彼らの主張だった。いわく、哲学は聖書にケチをつけようとは思っていないし、神学に対して越権行為を働くつもりもない、合理的に自然を探求し理解しようとしているだけだ。聖書は神の言葉だが、自然もまた神の言葉によって創られたのである。「真理は真理に矛盾しない」のだから、理性の発見する「自然の真理」が「聖書の真理」を損なうはずはない。だから神学は、余計な心配をしないで哲学に口出ししないでいただきたい——およそこういう論理である。現代でも通用しそうな、しごくもっともな言い分のように見える。共和国当局も、この「神学と哲学の分離」の線でことを穏便に処理しようとした。ところが、この論理には重大な穴があったのである。

問題は「真理は真理に矛盾しない」という、一見だれも否定しない公理のようなもののうちに潜んでいた。聖書の真理と哲学の真理は、もし真理であるなら矛盾しない。よろしい、ならば矛盾しないように聖書をどう読めばよいのか。彼らはそれに答えなければならない。聖書には預言者の証言なるものがたくさん出てくる。それがだいたい尋常ではない。燃える柴のなかから神の声がしただとか、天の軍勢が天空に現れただとか、不思議現象だらけである。いくら何でもそんなことを文字通りに受け取るわけにはいかないと合理的思考は考える。だが聖書は神の言葉だから、そんなのは嘘だと言うわけにはいかない。そこで、そういう箇所は文字通りにでなく比喩的に語っているのだということにしておく。たとえば——これは新約聖書だが——キリストがこの葡萄酒は自分の血であり、このパンは自分の肉である、これを記念せよと述べている箇所がある。カトリックのように聖餐式のたびに目の前の葡萄酒とパンが本当に「聖体」(キリストの体)に変化するなどと信じるのは迷信とかわらない。その箇所はやはり文字通りにではなくある種の隠喩として解釈すべきじゃないか。こんなふうに理性の立場は考える。もっともである。

しかし、そんなことを言うのならキリストが死の三日後復活して天に昇った、という証言はどうなるのか？　それも何かの隠喩なのか？　哲学はあわてて答えるだろう。あ、いや、それは文字通りの真理として解するべきである。聖書は理性の及ばぬ真理を教えているのだから、そこは神学の領域に属する。なるほど。じゃあ聞くが、なぜ復活はオーケーで聖体変化はだめなのか？

これはあぶない。不可解な記述のどこまでを文字通りの真理として残すか、その線引きは恣意的でしかない。聖書には悪魔が出てくるが、あれは文字通りに本当なのだろうか、それとも比喩だろうか。そりゃ比喩さ。悪魔なんて迷信だから。じゃあ天使は？　ううむ、天使はちょっと。——こんなことをやっていても埒《らち》はあかない。この調子だとそのうち、復活もある種の隠喩だ、文字通りに起こったことではないと言い出すだろう。そこまで言っちゃおしまいだ、というその「そこまで」の歯止めが、よく考えるとどこにもないのである。神学と哲学の分離などと言いながら、どこで理性と信仰を分離できるのか、本当のところはだれにもわからなかった。宗教は理性を超えるなどと言うけれど、どこで超えているのか吟味しだすとヤバいことになる。

実際、この時代を振り返ってみると、「神学と哲学の分離」という公式見解は混迷してゆく一方だったことがわかる。当局の裁定は決まって、できるかぎり哲学の自律を尊重すべきだがどうしても聖書と両立しない場合は神学に譲るべし、という煮え切らないものだった。もともと線引きの確たる原理がないので玉虫色になってしまう。そうしたなかで、決着をつけようとするラジカルな立場が出てくるのは、もう時間の問題だったと言える。たとえばロドウェイク・メイエル（Lodewijk Meyer）というデカルト左派みたいな人物が、『聖書の解釈者としての哲学』（*Philosophia S. Scripturae interpres*, 1666）を出す。当時としては衝撃的な書物だった。彼は言う。「真理は真理に矛盾しない」のだから、聖書がもし真理なら哲学の真理に矛盾するはずがない。それなら、聖書が真となるように解釈するのは結局、哲学的理性であると言うべきだ。聖書解釈は、明晰判明ならざるものは受け入れないというデカルトの方法に従う。聖書のどこまでが隠喩なのかを最終的に決定するのは哲学である。——おわかりのように、メイエルのこの主張は「神学と哲学の分離」という住み分け原則の破棄に等しかった。真偽に関してはぜんぶ哲学が仕切るというのである。

そこまでいくと、真理は結局すべて哲学的真理だ、聖書に固有の真理なんかはじめからないということになってしまいそうな気がする。案の定メイエルは、無からの創造、三位一体といった教会の信仰箇条はナンセンスであるという結論に至っていた。ここから、聖書なんか別になくてもいいじゃないかという恐るべき結論に踏み越えるのはあと一歩である。これがスキャンダルにならないわけがない。神学者たちは、それ見たことか、やっぱりデカルト主義は危険なのだと気色ばむ。他方、「神学と哲学の分離」を掲げていた本流のデカルト主義者たちは大いに動揺し、自分たちからこの本の禁書処分を当局に願い出る。恐れていたことが現実になったのである。けれども彼らにデカルト主義の急進化を押さえ込む論理はない。非合理に陥らずに聖書を読む。そのどこがいけないのか彼らには言えないのである。神学者たちの心配どおり、理性は歯止めがきかないまま暴走しはじめていた……。

不敬虔という問題

スピノザに目を移そう。これは彼にとってもゆゆしい事態であったと思われる。というのも、スピノザが『デカルトの哲学原理』という処女作を出版する際、熱烈な序文を寄せてくれたのは、いまのロドウェイク・メイエルその人だったからである。困ったことに、スピノザと近しい友人シモン・ド・フリース(Simon de Vries)やピーター・バリング(Pieter Balling)、ヤーラッハ・イエレス(Jarig Jelles)といった、自由な信仰を求めるまじめな人々も、理性の光を信じて疑わない。書簡のやりとりを見ると、彼らはどうやら、スピノザこそがデカルトの合理主義をさらに徹底し、聖書の真理を迷信の闇から救ってくれるものと期待していたふしがある。

危惧を裏書きするかのように、メイエルに続いてアドリアーン・クールバッハ（Adriaan Koerbach）という跳ね上がりが、さらに過激な本を出して逮捕される。彼によれば、理性の吟味に耐える真理だけが神の言葉である。それでいくと聖書はほとんどが人間の作り事にすぎない。キリストはたしかに偉人だったが神の御子であるはずはない。天使や悪魔はフィクションにすぎず、天国や地獄はわれわれの心のうちにあるだけだ。三位一体も聖書に無縁のねつ造であって、そんなことを真理と信じさせようとしても無駄である。──ここまでくると、ほとんど信仰の破壊である。クールバッハは投獄され、あげくのはてに獄死する。逮捕の際、彼はスピノザとの関係を疑われていた。

何かがスピノザのまわりで狂いはじめている。メイエルのスキャンダルが一六六六年、クールバッハの下獄が一六六七年。スピノザはこの時期、すでに『エチカ』の執筆を中断し、『神学政治論』をせき立てられるように書きはじめていた。いったいどうしたことだろう、理性と信仰を両立させようとするそれなりに良心的な試みがすべて裏目に出てしまう。どういうわけか、デカルトの「良識（ボンサンス）」がたえず「不敬虔」に転化してしまう。それ見たことかと神学者は勢いづき、共和派デカルト主義者たちはあわててトカゲの尻尾切りに奔走する。これを見て共和派たたきのチャンスをうかがう総督派聖職者たちが説教壇で黙っているはずはない。自由と寛容などときれいごとを言っていていいのか、と言論統制が声高に叫ばれる。そしてそのなか、危険な急進主義の隠れた中心人物のように「無神論者スピノザ」の名がささやかれていた……。

事態は深刻であった。スピノザはある書簡で『神学政治論』の執筆動機をこう打ち明けている。民衆が自分に浴びせ続けている無神論者という非難をできるかぎり排撃し、聖職者たちが誹謗する「哲学する自由」をあらゆる手段で擁護しなければならない。だが何よりも問題なのは、その自由に対し賛成していたはずの人々が、いまや危惧を抱き動揺しはじめていることだ。哲学はやっぱり神学の婢にしておかないと危ないのではないか――そんな神学者と同じ偏見が彼らを蝕みつつある。ですから、とスピノザは述べる、「私はそれらの偏見を摘発して、それを慎重な人々の精神から取り除くように努力しているのです」(『スピノザ往復書簡集』書簡三十、オルデンブルク宛、一六六五年　一六五―一六六頁)。スピノザが「慎重な人々」という言葉で言っているのは、動揺するデカルト主義者をはじめとする共和派知識人のことであるのは間違いない。彼らは理性の自由を恐れはじめている。こんなことを書いたり述べたりすると不敬虔になってしまわないかと萎縮しはじめている。『神学政治論』が「哲学的読者諸君」と呼びかけているのは、まさにこうした人々だった。「理性は神学の婢でなければならぬという考えさえなければもっと自由に哲学しているはずの人々」、彼らにこそこの本を読んでほしい……。
いずれにせよ、『神学政治論』が何をめぐっているのかはもう明らかだろう。それは、宗教の前で理性が自らの影におびえる、「不敬虔」（ラテン語でimpietas）という問題にほかならない。この問題の解決には共和国の自由の実験がかかっている。何でも自由に考えさせておいていいのか、と世間は言い出す。それに対してははっきりと、いいのだと言ってやる必要がある。そもそも、いったい何をもって不敬虔と断じることができるのか。びくびくする前に、これを白日の下に明確化しなければならない。そしてもし何かが不敬虔だと言えるのなら、その根拠は、論争に明け暮れる哲学だの神学だのにではなくて、まさに聖書そのものに求めなければならない。だれもが言うように、そこに「神の言葉」があるのだから。ふたたび『神学政治論』序文から引用しよう。

こうして私は、自然的光明〔理性〕は軽蔑されるばかりでなく多くの人々から不敬虔の源として呪われていること、また人間の作り事が神の教えと思われ軽信が信仰と考えられていること、さらに教会や議場において哲学者たちの論争が激しい感情をもって交わされていること、そこから激しい憎悪と意見対立が生まれそれが容易に騒《そう》擾《じょう》に転化すること、その他にもここに述べるとあまり長くなるいろいろのことが生じること、そうしたことどもについていろいろと思いめぐらしたのであるが、その結果私はこう固く決心した。聖書をとらわれない自由な精神でもって改めて吟味しよう、そして聖書そのものからきわめて明瞭に知りうること以外のいかなることをも聖書について主張せずまたそうしたこと以外のいかなることをも聖書の教えとして容認しないことにしよう、と。

（序文、上巻五〇頁）

第2章　敬虔の文法

こうしてスピノザは『神学政治論』の執筆を急いだ。あらためてその主題をスピノザ自身の言葉で確認しておきたい。

さてわれわれは、判断の自由と神を自らの思うとおりに礼拝する自由とが各人に完全に許容されている共和国に、——自由が何ものにもまして貴重で心地よいと思われている共和国に生活するという稀な幸せに恵まれているのだから、この自由は敬虔と共和国の平和とを損なうことなしに許容されうるということ、のみならずこの自由が除去されれば共和国の平和と敬虔も同時に除去されざるをえないということを私が示すとしても、恩知らずで無益なことになりはしないと信じた。そしてこれこそ私が本書のなかで証明しようとした主題なのである。

（序文、上巻四五頁）

スピノザが「証明する」と言い出したら、本当に証明するのである。考える自由は敬虔も平和も損ねない。いやむしろ、それを抑圧すると敬虔と平和まで破壊してしまう。このことを、ほかならぬ聖書そのものを根拠に証明する。

そのために、まず、いったいどんな事柄について敬虔とか不敬虔とか言われうるのかが聖書の語法そのものから明らかにされなければならない。『神学政治論』の前半、第一章から第十五章がこの解明に当たる。次に、だれが敬虔・不敬虔の判定権を持つのかが明らかにされねばならない。後半の第十六章から第二十章はこれを国家の最高権力の問題として論じる。この第二十章でスピノザは、公権力によって当然不敬虔として断罪される事柄とはいったい何であるか、という問題に最終結論を与え、証明を完結している。『神学政治論』はこんなふうに、大きく見ると二本立てになっているので、便宜上、前半部を「神学ブロック」、後半部を「政治論ブロック」と呼ぶことにする。この章ではさっそく神学ブロックの証明を見ていくことにしよう。

解釈の狂気

聖書に反するから不敬虔だ。皆がそう言う。とすれば、何が不敬虔と言えるのかはっきりさせるためには神の言葉とされる聖書を理解しなければならない。聖書をどう読むか、いわゆる聖書解釈がこのブロックの中心問題になるのはそのためである。

宗教は真実を語るもの。さもなくばそれは偽物の宗教であり迷信である。こんな言い方は今日のわれわれもふつうにするが、当時もそうだった。聖書が神の言葉なら虚偽を語っているはずはない、聖書は真理を語っている。間違ってはならないが、この信念を否定する不届き者が出て来て不敬虔が問題化したのではなかった。対立するいずれの陣営も「聖書は真なり」という前提を共有していた。いやむしろ共有しているからこそ、かえって理性の不敬虔という疑惑が絶えず持ち上がってくる、そういう構造になっていた。「真理は真理に矛盾しない」という公理が、双方の側で相手の攻撃理由になっていたのを思い出していただきたい。スピノザの介入はまさにその点を突くものだった。

たいていの人々は、聖書を理解し聖書の真の意味を究めるための基礎として、聖書はそのいたるところが本当のことを言っており神的なものだということを前提している。つまり彼らは、聖書を理解し厳密に吟味したあとで言えるようなこと、また作為の必要なしにむしろ聖書自身からはるかによく教えられるであろうことを、スタート地点から聖書解釈の規則に立てているのである。

（序文、上巻四九頁）

スピノザは問う。この最初の前提、聖書は全体が真理であるという盲目的な前提がそもそも間違っているのじゃないか。

だから迷信だとスピノザは言いたいのではない。まずはあるがままに聖書を見てみよう。それは一冊の書物というよりはコーパス（資料体）である。文献学的に見れば「聖書の諸巻はただ一人の人間によって書かれたものでもなければある一時代の民衆のために書かれたものでもなく、むしろ異なる精神を持ち異なる時代に生きた多数の人々によって書かれたもの」であることは間違いない（第十四章、下巻一一九頁）。二千年あるいはそれ以上にわたってさまざまな伝承断片の編纂が繰り返されて今ある形になったわけで、吟味すれば「欠陥のある、損なわれた、改竄《かいざん》された、矛盾だらけのもの」であることは明らかである（第十二章、下巻九六頁）。おまけに書かれているヘブライ語に関する知識も多くは失われてしまった。ただでさえ解読が困難なのに、聖書が編纂された時代のヘブライ語記法には母音字も句読点もないとくる。こんなふうに断片集積的で、矛盾だらけで、読みも不確定となれば、聖書が全体として謎めいたものに見えるのは当たり前である。これが真理を語っているものと最初から前提するとどうなるか。当然、聖書は全体が真理の暗号と化すであろう。ここからすべてが狂ってくるとスピノザは診断する。以下、『神学政治論』第七章と第十五章の議論を中心に追ってみよう。

人はどうも、謎めいて不可解なところにこそ真理が隠されていると思いたがる。それで、「自然的な光」(理性)ではだめだ、「超自然的な光」によらないと聖書は解読できないと言い出す。ふつうに考えても理解できないからすごい真理なのだ、というわけである。これを解釈タイプAとしておこう(このタイプは、自分も実は聖書の真の意味がたいていの場合わからないということをひどく難解な表現で遠回しに認めているとしか思えない、とスピノザはコメントしている)。

もう一つの解釈タイプ——タイプBとしておこう——は、これと対照的に、非合理をなるたけ避けたい。聖書はそのままでは矛盾したことを言っているように見える箇所がたくさんあるので、そういうところは理性でわかるように比喩的に解釈する。さもないと聖書は何を言っているのか意味不明な非合理な書物になってしまう。こんなふうに解釈タイプBは考える。われわれにはこちらのほうがまともに見えるかもしれない。

たとえば預言者モーセが「神は焼き尽くす火である」と言っている箇所がある。モーセは別な箇所で神は目に見えるような存在ではないと言っているので、矛盾するように見える。タイプAは、いや矛盾しないのだ、神は火であると書かれている以上、そして神は火でないとはどこにも書かれていない以上、神は火である、ただそれは目に見えるような火ではない何か摩訶不思議な火であって……などと自分でもよくわからないことを言い出すだろう。それがわかるのが超自然的な光なのである。これに対して合理的解釈をとるタイプBは「火」は文字通りの火ではなく何らかの比喩である、とするだろう。神は見えない存在だから「火」はたとえである。じゃあ「神は目に見えない存在である」とどうしてわかるのかというと、聖書自身は証明してくれないので、哲学（理性）がそう教えるのである。

こんなふうに解釈タイプBは、理性なしでは聖書が何を言っているか本当にはわからないと考える。しかしそうすると、どうしても不可解な箇所は筆写のミスかもしれない、わかるように修正すべきだ、ということにもなる。「超自然的な光」の解釈タイプAがこれを黙って見過ごすはずはない。預言を軽んじて理性を優先するとは何たる不敬虔。たとえ理性に反していても信じる、それが敬虔というものだ、などと言い出すだろう。こうして聖書解釈をめぐって切りのない論争が出てくる。要するに、タイプAは「理性は聖書の意味に順応させられるべきだ」と主張し、反対にタイプBは「聖書の意味のほうが理性に順応させられるべきだ」、こう主張しているのである。

スピノザはこういう分析を、中世ユダヤの聖書解釈論争にこと寄せて展開している。合理主義的解釈Bは「独断論者」マイモニデス、反合理主義的解釈Aは「懐疑論者」アルフアカールにそれぞれ擬せられる（マイモニデスは有名なユダヤの哲学者、アルファカールは彼を批判した後代のユダヤ教ラビである）。だが、スピノザが問題にしているのはもちろん、共和国を揺るがしている進行中の論争である。タイプBは急進デカルト主義者に典型的な合理的解釈、タイプAは正統派神学者の超自然的解釈に相当すると見てよい。聖書を理性と調和させようとするBから見ると、Aの解釈はいつも非合理な妄信のように見える。逆に聖書を畏れ敬うAから見ると、Bの解釈はいつも合理主義のけしからぬこじつけのように見える。Aも変だが、Bだって同じくらい変だ。預言者はAだとまるで不可解な妄想狂だし、Bだともってまわった比喩に淫する変人哲学者である。スピノザは、狂っているのは聖書ではない、こんな不毛な論争に陥っている学者たちのほうなのだと批判する。引用しておこう。

この両者ともきわめて間違っていることはわれわれのこれまでの説明から明白である。なぜなら、われわれはどちらの見解に従っても理性か聖書かそのいずれかを損なうは必至だからである。実際、われわれの示したところによれば、聖書は哲学的な事柄を教えているのでなくてただ敬虔だけを教えているのであり、また聖書の全内容は民衆の把握力、民衆の先入的意見に順応させられている。だから聖書を哲学へ順応させようと欲する者は、確かに預言者たちに対して、預言者たちが夢にも考えなかった多くのことを帰することになり、そのため預言者たちの考えを曲解することになる。これに反して理性と哲学を神学の婢僕たらしめる者は、古代の民衆の先入見を神聖なものと見なさざるをえなくなり、そうした先入見によって精神を虜にし、盲目にする結果となる。かくして両者とも、すなわち後者は理性なしに、また前者は理性をもって、狂ってしまうのである。（第十五章、下巻一四四―一四五頁）

神学者は理性なしに狂い、哲学者は理性をもって狂ってしまう！「何と滑稽な敬虔であろう」とスピノザは言っている（第十章、下巻七四頁）。今に始まったことではない。聖書がそっくりそのまま真理を語っていると言ってしまったときから、すでにすべてが狂っていたのだ。

神学者は哲学者と「聖書の真理」をめぐって激しくやり合っているわけだが、実は、彼らも自分好みの哲学を勝手に聖書に読み込んでいるだけかもしれない。実際、神学者たちは「深遠なる秘義」などと言っているけれど、たいていはアリストテレスやプラトンの亜流の思弁の密輸入であるとスピノザは指摘している（序文、上巻四八頁）。そういえば「神学と哲学」という論争は、もともと大学の神学部と技芸学部の対立に発していた。信仰を問題にしているように見えて、その実、権力闘争がらみの新旧の哲学論争なのである。さきに「教会や議場において哲学者たちの論争が激しい感情をもって交わされている」とスピノザが言っていたのはそのことだった。彼らはだれも神学と哲学の本当の分離を知らない、だから聖書解釈に勝手な自分たちの哲学的思弁を持ち込んでしまうのだ。

そこで、最初の前提に立ち戻ってこう問わねばならない。聖書はそもそも、神がどんな存在でいかなるふうに働いているかといった「事柄の真理」を教えようとしているのだろうか？　むしろ聖書はそんな思弁的な真理などぜんぜん知らないで、しかも何かを正しく語っている、そう考えるべきではないか？——これが『神学政治論』の問題提起だった。聖書は真理を教えようとしているのではないかもしれない！　そんなことを言うのは冒瀆だとだれもが思ったであろう。「無神論」と言われても無理はない。しかしスピノザは本気だった。解釈の狂気から本気で聖書を救い出そうとしていた。私はそう思う。聖書を立てれば理性が損なわれ、理性を立てれば聖書が損なわれる。これは論争そのものがどこか間違っているのであって、不毛な論争から理性を、聖書を、ともどもに救わねばならない。こんな馬鹿なことをしていると、この国の自由の実験は頓挫してしまう。

聖書解釈で一番大事なのは、性急に「真理」を読み取ろうとしてはならないということだ。聖書が語っている「意味」を真理と混同しないこと、これがスピノザの聖書解釈の基本である。

われわれがここに携わっているのは語りの意味についてだけであって、その真理についてではない。いやそれどころか、聖書の意味を探求するあいだは、先入見は言うに及ばず、とりわけ自然的認識の原理に基づくかぎりのわれわれの推論にもとらわれないように用心しなければならない。むしろ正しい意味を事柄の真理と混同しないためには、その意味は言語の使用からのみ、あるいは聖書以外の何ものも基礎としない推論からのみ探求すべきである。（第十八章、上巻二三八―二三九頁）

語りの意味はいわば考古学的に復元されるべきものである。語られている内容が真理かどうかはとりあえず括弧に入れて考える。意味の復元のためには古代ヘブライ語の言語使用の規則、書き手の置かれた文化的・社会的・歴史的状況に関する実証的研究、そして語りのテーマの系統的分類、受容・編纂過程に関する資料研究、要するに博物誌でいう「ヒストリア」（実証的な研究データ）を整備しなければならない。こうしたヒストリアから導きだせないようなことはいっさい聖書の教えとして認めないこと、これが聖書解釈の一般規則である（第七章、上巻二三七頁）。実際、スピノザは『ヘブライ語文法提要』という草稿も残していて、近代的な文献学的聖書解釈の先駆けとさえ言われている。

たとえば、預言者モーセが「神は火である」とか「神は嫉妬深い」とか言っている箇所がある。たしかに理性で考えると変だが、言語学的に別な読みはなく曖昧なところはない。他方、ヘブライ語の用法を調べると「火」は「怒り」ないし「嫉妬」の意味でも用いられる。他方、モーセは別な箇所で神は見えるものとまったく似ていないと述べている。すると当然、モーセ自身は「神は火である」を「神は嫉妬深い」という意味で比喩的に語っているのであろうと推定できる。間違ってはならない。神という存在が文字通りに火だなんて変だ、という理由で隠喩表現だと言っているのではないし、いわんや「事柄の真理」として神が嫉妬深い存在だと言っているのでもない。ここがさっきの解釈タイプAともBとも違うところである。解釈は「意味」の考古学的な復元から離れない。勝手な「秘義」を読み込んでならないのはもちろんのこと、たとえ哲学的にぴったりくる箇所でも、だからといってそれが「事柄の真理」を語っている証拠だと考えてはならない。

とにかく、われわれも聖書を開いてみよう。聖書はアダムとイヴから始まるユダヤ民族の壮大な歴史物語の形をとっている。その歴史の節目節目にモーセをはじめイザヤ、エレミヤ、エゼキエルなどといった預言者が出現して「神は言われる」と語り出す。これが預言ないし「啓示」である。

聖書は大きく見ればこのように歴史物語と啓示とからなる。歴史物語には奇蹟の話がたくさんあるが、それをどう考えるかについてはあとで見ることにしよう。いま見ていこうとしている問題は、預言者たちの語る「啓示」の部分である。

人々は一般に不思議なほどの性急さをもってこう思い込んできた。預言者は人間の知性の達しうることなら何でも知っていた、と。そして聖書の多くの箇所が預言者は種々のことを知らなかったことをわれわれにきわめて明瞭に告げているにもかかわらず、人々は預言者が何かを知らなかったと容認するよりは、聖書のそうした箇所が自分にはよくわからないと主張しようとするか［これはさっきの解釈タイプA］、さもなくば聖書の言葉を歪曲して、聖書が全然言おうとしていないことを聖書が言っているようにしようとする［これは解釈タイプB］。まったくのところこれらのどちらかでもが許されるなら聖書全体が台無しになる。実際もしきわめて明瞭な事柄を曖昧なこと・不可知なことのなかに数えたり、あるいはこれを勝手に解釈したりしてさしつかえないものならば、われわれが聖書から何事かを証明しようと試みるのは無駄にな

るであろう。　　　　　　　　　　（第二章、上巻一〇一頁）

たとえばヨシュア記を見ると、ヨシュアという預言者はアモリの部族に攻撃をしかける際、日よ止まれ月よ止まれと神に願う。すると実際に太陽が天の中空にとどまって一日中没しなかったという。地球よ止まれ、ではないのだから、ヨシュアの語りはたしかに天動説に都合がよい。地動説はこれに矛盾するからダメなのだろうか。いや、ちょっと考えればわかるように、ヨシュアは天文学者ではなかったし天体の仕組みについて人々に教えたかったわけではない。預言者は学者ではないのである。学問的に見れば、一般的に預言者たちは「その敬虔を損なうことなしに無知であり得たし、事実、無知であった」（第二章、上巻一〇四頁）。スピノザは預言者をバカにしているのだろうか。そうではない。預言者が本当は何が言いたかったのかを理解しようとしているのである。

かりに預言者が、超自然的な光でしか理解できない不可思議な真理を語っていたとしよう。解釈タイプAである。だが、超自然的な光が与えられるのは信仰に篤い人々だけだと言われている。ならば、そういう信仰に篤い人々だけが預言者の言っていることがわかり、他の人にはちんぷんかんぷんであったことになる。ところが聖書を見ればわかるように、預言者や使徒は不信心者や冒瀆のやからに対しても説教した。よく考えると、預言者が説教する必要があったのは篤信者ではなく、まさしくそういう人々だったはずだ（第七章、上巻二六五頁）。必要な人にわざわざ理解できない話をする意味があるだろうか。

解釈タイプBに対しても同じことが言える。預言者が哲学的真理を語ろうとしていたのだとすれば、それがわかるような民衆が聞いていたのでなければ意味がない。しかし、事物の原因を哲学者なみに理解できる民衆の存在など、聖書からはうかがえない（第七章、上巻二六九頁）。預言者は教室で講義していたのではないのである。

いずれの解釈も、預言を預言として聞いた普通一般の人々の存在を忘れている。聞き手である民衆は超自然的な光にも哲学的な素養にも無縁だが、それでも預言者が何を言おうとしているのか把握できたし、それをとても大事な事柄として記憶にとどめることができた。預言は普通一般の言葉でちゃんと通じたのである（第七章、上巻二六八―二六九頁）。

もうおわかりのように、スピノザは、預言が一個の言語行為として成立できた条件を問題にしているのである。タイプAにせよタイプBにせよ、それまでの聖書解釈は預言者の語りだけを見て、それが「真理を言っている」ようになるよう懸命になって解釈してきた。スピノザはそうではなく、預言者たちの言っていることが聞いている人々にちゃんとコミュニケートされえたならそれは何を語っていなければならなかったか、と考える。現代風に言えば、預言の真理条件ではなく、預言の主張可能性条件を問題にするのである。こういう条件を無視して、預言者たちが語れるはずのなかったことをあたかも語ったかのように解釈したり、あるいは現に語っているのに語らなかったことにしたりするのは、はっきり言って聖書の歪曲だ。そうスピノザは批判しているのである。

預言者の語り得たこと

では預言者は何を語り得たのか。預言は単なる演説や説法ではない。預言者たちは自分に神の言葉が臨んだと信じたし、人々もまたそう信じた。「神は言われる」と始まっていきなり神を一人称において語る語り方に、そのことは示されている。「預言的確実性」と呼ばれる預言者のこの確信は、いったいどこから来ていたのか、とスピノザは問う。つまり、ある発話が、これは神の言葉であると本人にも聞き手にも確信されるような仕方で、一回的かつ決定的な言語行為として成立するには、どんな条件がそろっていなければならなかったか、と考えるのである。この条件は聖書の記述から抽出できる。スピノザのあげるのは次の三つである（第二章、上巻九三頁）。

一、預言者の生き生きとしたイマジネーション
二、預言者に神から与えられる徴《しるし》

三、正しいこと・よいことのみに向けられた預言者の心

この三つがそろっていないと預言者は自分が神の言葉を預かったと確信できなかったし、また民衆も彼の確信を信じることはできなかった。だったら、これらの条件のもとで預言者は何を「神の言葉」として述べ伝えることができたのか。そう見てゆけばおのずと預言の内実も見えてくるとスピノザは考える。

まず「生き生きとしたイマジネーション」。預言者によってさまざまだが、彼らはみな異象《いしょう》を見たり神の声を聞いたりする。神が玉座に座っていたり、老人の姿で白い着物を着ていたり、火のように燃え盛っていたり、その声がしたりする。預言者は異様に昂進したイマジネーションをそなえているわけだ。これが第一の条件。

しかし聖書の記述からすると、そういう異常体験がいかにリアルでも、預言者はそれだけでは確信できなかった。第二の条件として、あれは神の言葉が来ていたのだという「徴」が証拠として与えられないと預言者は確信できなかったのである。民衆のほうも預言者に徴を求め、そして何か不思議な現象が起きて、ああこれは本当に神の言葉が来たのだという徴として受け取られる。

そんなのはみな幻覚か幻聴、あるいは異常な自然現象だと言うのは簡単だし、実際そう

でもあっただろう。しかし大事なのは、預言者たちは自分自身からでなく自分の外から「預言的確実性」を得ていたということだ。スピノザによれば、この確実性は「数学的確実性」ではありえない。つまり、預言者は自分の側で「これこれこうだからこうなのだ」というふうに根拠を認識して何かを言っているのではない。その証拠に、彼らは神の側から合図＝徴を示してもらわないと何一つ確信できなかった。とすれば明らかに、預言者が確信できたのは証明可能な「事柄の真理」ではない。そのように民に告げ、そのように語ることが神から見て正しいはずだという、自分の側に根拠のない、証明不可能で倫理的な確信、これが預言的確実性のすべてなのである。そのことは第三の条件からも明らかだ。すなわち、預言者は自分の「正しいこと・よいことのみに向けられた心」を担保に、その心情を絶対的な他者の査定に委ねるようにしてでなければ、民の前でどんな確信も語れなかった。神は敬虔な者を欺かれるはずがない。預言者はそう確信しているが、なんぴとも神の前において自分を正しいとしたり自分が神の愛の道具であることを誇ったりはできない。だから預言的確実性は自分の側で証明可能な確実性ではありえなかったのだ、とスピノザは言う（第二章、上巻九二頁）。

以上預言の三つの主張可能性条件から、預言者たちのメッセージが何をめぐっていたかが明らかになる。スピノザによれば結局それは「何にもまして神を愛し、隣人を自分自身のように愛せ」という神の命令に帰着する。もちろん預言者たちはそれぞれの状況のなかで国が滅亡するであろうとか敵は滅ぼされるであろうとか預言するわけだが、その確信を支えているのは神や世界といった「事柄の真理」の超人的な認識ではない。神の命令の絶対的な「正しさ」、これが彼らの全確信を支えているのだ。預言者も民衆もその正しさに抵抗できない。なぜだか根拠を知らなくても、「隣人を愛せ」というこの命令に服従しない者が敬虔たりえぬこと、これはだれの目にも明らかだった。われわれだって、「なぜ人を殺してはいけないのか」と問いつめられるとうまく根拠を言えないが、それでも「殺してはならない」ということの正しさは理屈をこねる前に知っている。聖書の隣人愛の教えも、そのようなものとして存続してきた。少し長くなるけれど引用しよう。

聖書そのものからわれわれは、何等の困難・何等の曖昧さなしにその主要教義を把握しうる。すなわち、神を何ものにもまして愛し、隣人を自己自身のごとく愛するということ、これである。そしてこれは改竄の結果でもありえないし、また性急な・誤りがちな筆の所産でもありえない。じっさいもし、聖書がひとたびこれと違ったことを教えたとしたら、その教えは他のすべての点においても必ず違ったものとなったはずである。なぜなら、これこそ宗教全体の基礎であり、これを取り去れば全機構が一瞬にして崩壊するからである。だからこれを教えぬ聖書があるとすれば、それはわれわれがここで語っている聖書とは同一のものでなくてまったく別な書なのである。これをもって見るに、聖書が常にこのことを教えたこと、したがってまたここには意味を変えうるような如何なる誤謬《ごびゅう》も潜みえなかったこと——そうした誤謬が入り込めばだれからもすぐ気づかれたであろうから——、さらにまたなんぴともこの教えを改竄しえなかったこと——そうした悪意図はたちどころに人々の眼に明らかになったであろうから——、そうしたことが動かすべからざる事柄として残る。

（第十二章、下巻一一二頁）

聖書は長い間に改竄や筆写誤りなどを被った欠陥だらけのコーパスである。にもかかわらず、隣人愛の教えはあまりに明々白々でまっとうなので、あらゆる改竄や劣化に抗して固い岩盤のように残り続けた。聖書が神の言葉だという意味はここに存するとスピノザは言う（思えばこれは福音書のイエスのメッセージでもあった）。

こんなふうに、預言者は何かの力に曝されながら、啓示を受け取り、確信し、民に述べ伝えた。しかし「預言的認識の諸原因」、つまりなぜそんなふうに預言すべきことを知り得たのかということについてはだれもわからなかったし、なにより預言者自身がわかっていなかった。この無知ゆえに、人々は「これに驚嘆し、そのためこれを他のすべての不可思議なものと同様に神に関係づけ、神の認識と呼び習わしていたのだ」とスピノザは言う（第一章、上巻八四頁）。驚いているほうも驚かれているほうも原因を知らないというところが面白い。知られざるその「諸原因」、神の言葉を宿らせる力が何であったのかということについてスピノザは立ち入らない。これについてはあとで論じよう。いずれにせよスピノザは、人間がどうこうできない命令の「根拠づけなき正しさ」に聖書の神聖性を認めていた。

普遍的信仰の教義

さあこれで、問題の「普遍的信仰の教義」を見ていく準備が整った。第十四章でスピノザは次の七箇条を聖書の教義として書き出している（下巻一三八―一三九頁）。

一、神、いいかえれば正義と愛の生き方の真のお手本となるような最高の有が存在する。

二、神は唯一である。

三、神は遍在する。

四、神は万物に対する最高の権利と最高の権力を持つ。
五、神への崇敬と服従は正義と愛すなわち隣人愛のうちにのみ存する。
六、神に服従する者は救われ、服従しない者は捨てられる。
七、神は悔い改める者をゆるす。

いったい「無神論者」みたいに見えるスピノザが、なぜこんなことを……と人は驚き怪しんできた。しかしわれわれはもう、スピノザが次のように言っても驚かない。

信仰は真なる教義よりはむしろ敬虔な教義を、いいかえると精神を服従へと動かすような教義を要求する。たとえそうした教義のうちに真理の影さえ持たないものが多くあっても、受け入れる者が虚偽であると知らなければかまわない。さもないとその者は必然的に反逆者になってしまうだろうから。（第十四章、下巻一三五頁）

先に見たように、信仰の基礎はもっぱら神への服従にある。神は正義と愛をなせと命じる。これは有無を言わせぬ絶対命令であって、「事柄の真理」がどうなっていようとその正しさには関係がない。敬虔な者とは、要するにこの命令に心から服する人のことである。

「各人の信仰は真偽に関してではなく単に服従か不服従かに関してのみ敬虔な信仰あるいは不敬虔な信仰と見なされる」。それが聖書の論理だ。ならば、そのように服従する人なら必ず知っていなければならない事柄、必ずしも真ではないかもしれないけれど、それを知らないと服従そのものがなくなってしまうような事柄を、服従の必要条件として論理的に書き出すことができる（第十四章、下巻一三六―一三七頁）。それがいまの信仰の教義である。こんなふうに。

一、神、いいかえれば正義と愛の生き方の真のお手本となるような最高の有が存在する。このことを知らなかったら命令を聞けない。

二、神は唯一である。そう思っていないと絶対的な帰依《きえ》・賛嘆・愛を抱くことはできない。

三、神は遍在する。実際、神の目を逃れられるなら神の正義の普遍性があやしくなる。

四、神は万物に対する最高の権利と最高の権力を持つ。これを知らないで絶対服従は考えられない。

五、そしてもちろん、正義と愛をなすことが服従することになると知っている。これは神の命令内容である。

六、神に服従する者は救われ、服従しない者は捨てられる。そう知っていなければ服従する意味がない。
七、神は悔い改める者をゆるす。このことを知らないならとても服従する身が持たない。

知っている、といっても、何か根拠があって知っているのではない。もし知らないなら服従できているはずがない、という意味で、現に服従している人なら、論理的に、必ず知っていることになる。「普遍的信仰の教義」と言うけれど、これは神という存在についての真なる命題ではない。真理だから教義なのではなくて、「それを知らなければ服従が絶対的に不可能となるような教義」だから教義なのである（第十四章、下巻一三七頁）。預言者たちは神をどんなふうにイメージしていたとしても、こういう教義では一致した。それは彼らが神とその業について形而上学者のような認識を持っていたからではない。論理的、あるいは文法的に言って、神をこういうふうに知っていなければ神への服従を説くことは事実上できなかった。だから一致していたのだ。そうスピノザは考える。「実際、聖書はこれらすべてをいたるところにはっきりと教えているし、また常に教えなければならなかった」。論理からして、そうしなければ「ならなかった」のである（第十二章、下巻一一二頁)。

スピノザは大胆なことを平気で言うと前に述べたが、それはこのことである。スピノザは、真理を語っていなければ聖書でないという同時代人の大前提を解除してしまっているのだ。「普遍的信仰の教義」は、言ってみればそれ自身の無知によって真偽の詮索から守られている。それは——スピノザの言葉ではないけれど——ある種の「文法」に属する事柄、聖書の神について何か思ったり言ったりするときに万人が知ってか知らずか一致して従っている文法規則、いわば「敬虔の文法」のようなものだ。だから真偽とかかわりなく「普遍的」であって、誠実な人なら異論の立てようがないのである。

いや、教義である限り真理でなければならぬ、と人は言いたくなるだろう。スピノザはその真理要求を、その人自身に投げ返す。真理であると思えるように教義を解釈するのはほかでもない、その人自身である。「各人はこれを自分の意見に適応させ、かくてそれを何ら心の反対なしに、また何らの躊躇なしに受け入れるようにしなければならない」。人は嘘だと思って受け入れることはできない。だから素朴で信心深い人もインテリも、等しく神がどういう存在か自分なりに解釈する絶対的な権利があり、またその義務がある。ただ、どの解釈が本当かということは聖書の関心ではない。実際、神がいかなる存在か、「すなわちそれが霊であるか、火であるか、思惟であるか、などのことは信仰と何のかかわりもない」。彼らがどんなふうに神を思い描いていようと、信仰は文法的に一致する。その人が正義と愛を行っている敬虔な人なら、これらの教義を信じていることに、論理的に「なる」のである（第十四章、下巻一三九―一四一頁）。

神学と哲学の分離――無関係の関係

このように、預言者の得た確実性は「言われていること」の真理にではなく、かく「言うこと」の倫理的かつ文法的な正しさにのみ存する。だから、真理を教えることは聖書の目的ではない。こうしてスピノザはあの、だれもがうまく言えなかった「神学と哲学の分離」を、だれも考えなかったやり方で打ち立てる。

哲学の目的はもっぱら真理のみであり、これに反して信仰の目的は、これまで十分示したように、服従と敬虔以外の何ものでもない。次に哲学は共通概念を基礎としもっぱら自然からのみ導きだされねばならないが、これと反対に信仰は、物語と言語を基礎としもっぱら聖書と啓示とからのみ導きだされねばならない。

したがって――とスピノザは続ける――神学と哲学との間には「何らの相互関係も何ら

の親近関係もない」、無関係だというのである（第十四章、下巻一四二―一四三頁）。まったく無関係なら衝突も妥協もありはしない。聖書の真理か理性の真理かというあの不毛な論争は偽問題として消え去る。そうやって神学と哲学は最終的に分離されそれぞれの領域を保持するであろう、すなわち「理性は真理と叡智の領域を、神学は敬虔と服従の領域を」（第十五章、下巻一五四頁）。これが『神学政治論』前半の最終結論だった。ちょっと意外に思われるかもしれないが、スピノザは神学の存在を否定しない。むしろ敬虔の文法の研究として、それを哲学から自立させようとしているのがわかる。啓示宗教をあざけったり、反対に形而上学と神学を混同するような今日の大方の哲学者とスピノザは違う。哲学は神学に口出しせず、神学も哲学に口出ししない。してはならないのではなくて、できないのである。

これとかかわって、微妙な問題がひとつ残っている。スピノザ自身は「普遍的信仰の教義」を受け入れていたのだろうか、という問題である。前に言ったように、『エチカ』の神は目的も人格もない「自然」だった。聖書の神との関係が気になるところだろう。たとえば『スピノザ――異端の系譜』の著者ヨヴェルのように、「普遍的信仰の教義」はスピノザの神のメタフォアである、だから矛盾はないと説明する人もいる。なるほど汎神論の神だって唯一だ、偏在している、と言える。慈悲深いとか正義の神だとかいうことになるとちょっと苦しいが、そこを無理してスピノザの神のメタフォアだとする。しかし、かりにそうだとすれば、聖書は哲学の真理を隠喩的に語るという、あのメイエル流の合理主義路線に戻ってしまう。聖書は哲学者のために語っているのではない。そうスピノザは念を押していたはずである（第十三章、下巻一二五―一二六頁）。それに、このほうが大事だが、教義は服従の論理的な必要条件として書き出されたのだった。ところが『エチカ』には「なんじ～すべし」という命令的な語法がまったく見当たらない（これは倫理学書としては驚くべきことだ）。スピノザの神は命令しない。「神あるいは自然」のあるがままの知的認識が、われわれ自身の最大の自己肯定と至福におのずと導く。そんなふうになっている（このあたりの話は私の『スピノザの世界――神あるいは自然』（講談社現代新書）を見てください）。だれの手も煩《わずら》わせずに勝手に救われてしまうスピノザにとって、服従の必要条件としての教義は、はっきり言って無縁だ。逆に、信仰によって神に服従する人がスピノザのような「神あるいは自然」の認識を持たねばならぬ必要もない。実際、あるがままに認識された神の本性は、聖書の正義と愛の神のように正しい生き方の「お手本」にならないので「信仰や啓示宗教にはまったく必要ではない」とスピノザは言う（第十三章、下巻一二四―一二五頁）。

もちろん、だからといってスピノザは教義を虚偽として否定するわけではない。スピノたり反駁《はんばく》できたりするのは、預言的確実性をまるで真理の確実性のように証明できたり反駁できたりすると考えている人々の思い上がりである。人は服従のみによってなぜ救われるのか？　スピノザはこの問いに答えない。なぜって言ったって、証明できるような答えはない、だからこそ信仰は預言者の啓示を必要としたのだ――というのが彼の答えである（第十五章、下巻一五九―一六二頁）。われわれは預言の主張可能性条件から、預言者は頭が変になっていたのでも、いい加減なことを言っていたのでもないと確信する。ニセ預言者は殺されることになっていたから、それはもう命がけの行為だった。その上さらに証明可能な答えを求める人は、信じるとか預言的確実性ということがどういうことかわかっていないのである。それに、いったい、隣人愛の教えが理性に反するだろうか？　聖書は理性を捨てよなどとはどこにも教えていない（第四章、上巻一七一頁）。『エチカ』には、理性のみに従う賢者もまた――聖書のあずかり知らぬ論理から――誠実と正義を愛する、という証明がある。「神あるいは自然」の知的認識と最大の自己肯定から生じる「よいことをしたい」という欲望、これを『エチカ』は同じ「敬虔」（Pietas）という言葉で呼ぶ（『エチカ』第四部定理三十七の備考一。岩波文庫の訳では「道義心」となっている）。敬虔な行いは理由が何であろうと敬虔である。スピノザが強調するように、正しく行う人は、宗教に教えられてそうしようと、理性に教えられてそうしようと、隣人愛の教えにかなっているというだけで等しく敬虔なのである（第十三章、下巻一二六―一二七頁）。思想的にまったく無縁なものたちが、よき行いに関してなぜか無縁なままで一致する。それが恩寵というものであろう。それ以上に哲学は、そして神学は、敬虔について何を言うべきだろうか。

信仰を必要としない哲学者が、信仰を台無しにする一切の不毛な論争に対して断固、否と言う。ここには、どう言えばよいのだろうか、無関係であることによって聖書の信仰を信仰自身のために全面肯定するという、スピノザに独特のスタンスがある。彼は「普遍的信仰の教義」を受け入れる。言われている事柄が真だからではなく、その文法的正しさゆえに受け入れるのである。

第3章 文法とその外部

これで『神学政治論』の前半、神学ブロック（第一章から第十五章）についてだいたい見たことになる。さっそく後半の政治論ブロック（第十六章から第二十章）へと話を移そう。でも、いったいなぜ聖書の話からいきなり国家の話になるのだろうか。

神学から政治論へ

もちろん当時の背景というものがある。聖書の古代ヘブライ国家になぞらえて祖国を論じることは共和国ではよくある話だった。モーセに率いられてエジプトを脱出したヘブライ人たちは、砂漠を放浪しながら神の国を設立する。紅海がまっぷたつに割れたという奇蹟で有名な「出エジプト記」である。同じようにオランダ人も、総督オランニェ公に率いられてスペインの支配から脱出し「神の国」を樹立する、というわけ。こういう議論は当時としては珍しくはない。

びっくりするのは、スピノザまでが「神の国」を語っているということだ。神は統治権の保持者を通して人間たちの間に特定の国を持つ、それが「神の国」である、とか、民主国家と古代ヘブライ神政国家は起源の契約のところではかわりはない、などと言っている（第十九章、下巻二五〇、二五二頁）。本気だろうか。

われわれは、スピノザは証明をやっているのだということを忘れてはならない。自由にものを考えることは本当に不敬虔のもととなるのか。これが問題だった。これまでのところで、哲学と神学は文法が違うこと、それゆえ神学は各人の哲学する自由を妨げないことがわかった。残るは言論の自由の許容範囲である。「いまや、各人が自分の考えを持ち・考えを言うこの自由が最善の共和国の場合どこまで及ぶかを探究するときである」（第十六章、下巻一六三頁）。

スピノザの足取りははっきりしている。人が敬虔かどうかはその人が神の隣人愛の命令に服従しているかどうかで決まるのだった。すると、敬虔か不敬虔かという問題は、何をすれば隣人愛の命令義務を果たしたことになり、何をすればその義務に反することになるか、という問題に帰着する。思考の自由が不敬虔を招くというのなら、義務違反となるそのリミットを明確にしてやればよい。そこを超えれば不敬虔と言われても仕方がないけれど、そこを超えないならほかから非難されるいわれはまったくない、というふうに。

おわかりのようにスピノザは依然、われわれが「敬虔の文法」と名付けたものをはっきりさせようと解明作業を続行しているのである。

スピノザの本気を間違えないようにしよう。「神の国」うんぬんは文法に属する。「普遍的信仰の教義」が神についての真なる命題である必要はまったくなかったように、「神の国」も国家についての真なる理論である必要はまったくない。が、たとえ真でなくても正しい語り方というものはある。預言者たちがある力に曝されながらでしか預言できなかったように、国家の最高権力もある力に曝されながらでしか人々に命令できなかった。彼らを超えるその力がある種の敬虔の語り方を彼らに強いてきたし、その同じ力が、今また共和国にそれを強いている。もし自由の実験にチャンスがあるなら、まさに「神学政治論」的な敬虔の正しい語り方を、それを強いている力とともに明らかにしなければならない。おそらくスピノザはそんなふうに考えているのだと私は思う。『神学政治論』ではこのアノニムな力は名指されない。われわれはもう一つの著作『政治論』を参照しながらそれを名指すことを試みよう。力はおそらく文法自身の語らない外にある。敬虔の文法とその外部。これがこの章のテーマである。

最高権力の「最高」を構成する

聖書の教えがどんなふうに国家の話にリンクするのか、スピノザといっしょに見てみる。敬虔の文法は「正義と愛をなせ」という命令を語り方として含むのだった。これを教えない聖書は聖書ではない。「隣人を自分自身のように愛せ」は、「他人の権利を自己の権利と同じように守れ」ということだ。では、どうやったらそんなふうに他人の権利を守れるのか。スピノザはここでも、神への服従の論理的な必要条件を問う。それがなければこの命令の実行もなくなり、この命令が実行されるところでは必ずそれがあるというような、今度は実行上の条件、それが問題だ。

まず、各人の善意に期待してもダメである。第一に、人間はだれでも自分が大事なので他人の権利よりは自分の権利を大きくしたがる。他人よりも有利でいたいとはだれでも思うことである。第二に、人間は自分の権利を危うくしないかぎりでのみ他人の権利を擁護する。他人もまた同じようにしてくれる（はずだ）という保証がまったくないのにすすんで他人の権利を擁護するようなお人好しはそういない。こういうことは人間本性が自然の仕様としてそうなっているので嘆いても始まらないとスピノザは考える。問題は、そういう人間たちがそれでも「正義と愛をなせ」という神の命令を実行できるとすれば、その条件として何が必要かということだ。

答えは一つ、ある強大な第三者が彼らの上に最高権力をもって君臨することである。強大な第三者が守るべき権利を法として宣言し、全員にこれを守らせる。場合によっては懲罰の威嚇《いかく》でもって守らせる。そうやってみんなに保証を与えるのである。神の命令が無効となってしまわないように、敬虔の文法は必然的にこういう最高権力の「最高」を構成する論理を含まねばならない。

『神学政治論』第十六章はこの論理の定式化に当てられている。いわゆる「社会契約」というやつだ。どういう論理かというと、まず国家が存在しない「自然状態」を考える。すると各人には拘束義務が何もないので、何をしてもいい権利があるだろう。こういうのを「自然権」という。一種の想定だと考えておいてよい。すぐわかるように、そんな状態ではおちおち共同生活も営めない。何をしてもかまわないということは何をされても文句を言えないということだからである。そこでみんなにとって第三者であるようなものに、全員そろって自己の「自然権」を委譲《いじょう》し放棄してしまうのが望ましいってことになる。みんなが自分勝手では生きていけないから、第三者の指図に全員で従いましょう、というふうに互いに契約するのである。自分たちのうちのだれでもなく、みんなにとっての第三者といえば、それは「共同社会」だということになるだろう。契約によって、みんながそろって「共同社会」に自然権を委譲し、勝手なことをさせない強大な権力をこの第三者に与える。こうして「民主国家」（デモクラチア＝デモクラシー）が出現する（第十六章、下巻一六三—一七八頁）。

契約説は当時として特に斬新なわけではない。『リヴァイアサン』で有名なホッブズの『市民論』にも同じような「民主国家」の話が出てくる（『市民論』第七章第五節）。この本はオランダで広く読まれていたし、スピノザももちろん読んでいた。ただ違うのは、スピノザがそれを敬虔の文法にリンクさせていることである。「正義と愛をなせ」と教えるかぎり、聖書も服従の必要条件としての最高権力の構成について語らざるを得ない。さもないと神の命令は宙に浮く。社会契約に相当するものがきっと聖書にもあるはずだ。続く第十七章はこの考察に当てられている。

ヘブライ人たちはモーセに率いられてエジプトの支配から脱出したのだった。服従義務がなくなったので、各人は自然権を自分に保持すべきか、それともそれを放棄して他者に委譲すべきか、改めて考慮することができた。

かくてこの自然状態におかれた彼らは、彼ら一同が最も信頼するモーセの意見に従って、自己の権利を人間にではなく神にのみ委譲すべく決意したのであった。そして彼らはみな異口同音に、神に対してその一切の命令に絶対的に服従し神自身が預言的啓示によって法と定めたもの以外のいかなるものをも法と認めないと約束するに長く躊躇はしなかった。そしてこの約束あるいは神への権利委譲は、われわれが先に共同社会において人々が自己の自然権を放棄すべく決意するときに行われると想定したのと同じ仕方で行われた。すなわち明示的に契約（出エジプト記　第二十四章第七節参照）および誓いとによって彼等は自己の自然権を自発的に、つまり権力に強いられたり威嚇に恐れてではなく放棄し、これを神に委譲したのである。

（第十七章、下巻一九八―一九九頁）

これって実質的な社会契約ではないか。スピノザの考察は穿っている。ヘブライ人たちは自然権を神に委譲したつもりでいるが、それは彼らの「思いなし」のなかでそうなっているので、現実にはヘブライ人たちは民主国家と同じく統治の権利を全員で保持していたとスピノザは言っている。たしかに「みな異口同音に」神との約束を聞かせ合ったのだから、社会契約と同じように互いに約束し合ったのと実質的にかわらない。そして神も共同社会もたしかに各人を超越する第三者である。その命令に服そうと約束したわけだから、ヘブライ人たちは、第三者の前でみなが平等に言うことを聞く民主国家に自分でも知らないうちになっていた（！）。

でも神はどうやって彼らの主権者をつとめられたのだろう?

その秘密は「申命記」に隠されている。最初にヘブライ人たちはそろって神の命令を聞きに行く。ところが立ち上る雲のなかから神の声が聞こえてくると彼らは死ぬほど怖くなって、モーセに進み寄って言う。わしらはもうダメだ、あなたが神のところへ行って代わりに命令を聞いてきてほしい、それをあなたの口から聞いて従うことにしよう。スピノザはこの時点で実質的な最高主権がヘブライ人全体からモーセに移動したと見る。というのも、この話からすると「ひとりモーセのみが神の律法の伝達者かつ解釈者、したがってまた最高の審判者としてとどまったのであり、彼を裁くことはだれにもできず、また彼のみがヘブライ人の間にあって神の代理、つまりは最高の主権を独占した」ということに実質なっているからである(第十七章、下巻二〇二頁)。

こんなふうにして「神の国」の装置が動き出す。モーセは自分を君主ではなく「神の代理」にすぎないと信じている。だからモーセも含めてヘブライ人たちの「思いなし」のなかでは依然、神が主権者だった。そのあとモーセは自分と同じような後継者は選ばず、イスラエル十二支族の指導者たちそれぞれに国務の権限を平等に分掌させ、彼らがモーセの代理として「いわば死んだ王にでなく単に不在の王に代わって国務を見る」というふうな仕組みを命じた(第十九章、下巻二六一頁)。実にうまいシステムである。

もともとヘブライ人たちの神は姿がなくて不在っぽいのだが、モーセの死後はこの不在の神の代理のそのまた不在を後継者たちが代理補佐するという形になって、ますます統治権は侵しがたいものになり、ますますだれのものでもない最高権力が、まるで本人たちの気づかない民主統治のように機能するはずだった。スピノザはこの国家を神が統治権を持つ「神政国家」（テオクラチア）と呼んでいる。

敬虔の政治論的な文法

われわれの目から見れば「神の統治」はもちろんフィクションである。だがこれがフィクションならほかのどんな政体もフィクションである。「神の統治」と「人民の統治」が論理としてどれほど違おうか。政治はメンバーのだれでもない不可視の第三者を呼び出しその声を法として取り次ぐ。その意味で多かれ少なかれ神学的なのである。ヘブライ神政国家はそれをフィクションとも思わず大まじめに演じていた。

こうして聖書の契約説的な文法が姿を現す。ヘブライ人たちの歴史物語からわかるように、「正義と愛をなせ」という神の命令が無効とならないためには、メンバーの自然権の委譲を受けた最高権力が法と力でもって君臨しなければならない。最高権力の掌握者はこの第三者的存在の実質的な代理人である。

こう見てくれば、「他人の権利を自己の権利と同じように守れ」と神の隣人愛の命令で言われている他人の権利とは、国家が法に基づいて各人に許す「国民の権利」のことであり、これを守る意志が「正義」であることがわかる。なぜその法が正しいかというと、それは、契約によって最高権力の告げる法が正しいということにみんながしてしまったからである。以上は論理としては神政国家であろうと民主的な共和国であろうとかわらない。こういう論理で語られるものを「神の国」と言う、というわけだ。あとは同じ論理に従って、正当に「敬虔」と「不敬虔」を語りうる文法を書き出すだけである。第二十章（下巻二七八―二七九頁）を先取りしてここに書いてしまおう。すなわち、

一、「正義」は最高権力の決定にのみ依存するのだから、なんぴとも最高権力の採用した決定に従って生活するのでなければ「正しい」と言えない。
二、神への服従は正義の実行に存するのだから、国家の平和と平穏に関してなされることが「最高の敬虔」である。
三、「不敬虔」とは、最高権力の決定に反して自分の了見で行動することである。というのも、そうしたことがもし各人にゆるされるなら統治権の崩壊が必然的に帰結してしまうから。

四、「反逆的意見」と言えるようなものがもしあるとすれば、それは、その意見が立てられれば各人が自分の了見どおりに行動する権利を放棄したあの契約が除去されてしまうような意見である。

この同じ文法からスピノザは「啓示宗教はヘブライ国家が滅亡すると同時に法的効力を失った」と結論している。われわれの時代にもなおそういう効力を主張する人々がいることを考えるとスピノザは大変なことを言ってしまっている気がするが、これは論理的にそうなるのである。ヘブライ神政国家は神に統治権があったので、当然、宗教的な「神の法」は国家の法であった。ならば同じ論理で、「神の法」は神政国家が消滅するとともに法的効力としては消滅したことになる。したがってわがオランダ共和国では、聖書がなんと言おうと、何が正義で何が不正義か、何が敬虔で何が不敬虔かを決定する権限はまっさらの形で共和国の最高権力にある。だから、いまさら宗教的権威を持ち出して市民政府の決定に不敬虔だとかなんとか文句をつけるのは統治権を奪おうとすることであり、まさに敬虔の文法によって「反逆的な意見」と言わねばならない（第十九章、下巻二五二―二六三頁）。

そう、モーセは君主ではなかったし、どんな君主もモーセではない。「神の国」の再興という総督派のファナチックな言説をスピノザは「神の国」の論理によって脱臼させる。ここがすでに神の国なのだ。

文法の外部

こんなふうにスピノザは最高権力の「最高」をむしろ擁護するのである。しかしそれだと思想言論の自由はどうなってしまうのか？　と心配になる。契約の論理でいけば、最高権力は「最高」なので何の拘束もない。ならば、最高権力は市民の自由などおかまいなしに何でも好きなように命令できてしまうのではないか？

契約の論理では、そうだ、ということになる（ホッブズが言いたかったことはこれに尽きる）。だが、現実にそんなことはありえないとスピノザは言う。たとえば、この机について何をしてもよい権利を私が持っているからといって、机に草を食べさせる権利が私にあると言えるだろうか。最高権力にだってできることとできないことがある。

実際、最高権力がある臣民に向かって恩恵を受けた人を憎むように命じたり、損害を与えた者を愛するように命じたり、侮辱を受けても憤慨しないように命じたり、恐れから解放されることを欲しないように命じたり、その他人間本性の諸法則から必然的に生じるこの種の多くのことどもを命じたりしても、それは無駄というものである。
（第十七章、下巻一九〇頁）

最高権力の権利は「最高権力が実際に何ができるかというその力（potentia＝力能）によって決定されている」とスピノザは言う（第二十章、下巻二七四頁）。その権利は実際に人に何かをさせることのできるその範囲にまでしか及ばない。それを越えて何でも命令できる絶対権力といったものは、はっきり言って妄想なのである。しかしこの「できる」の及ぶ範囲は契約の文法では語れない。権利があるということと権利を行使できるということとは別で、それは何かもっと物理的な力の問題だ。ここがホッブズと違うところで、そういえばスピノザは、自然権の委譲は力の委譲を伴わなければ意味がないと言っていた（第十六章、下巻一七二頁）。それはどういうことだったのか気になる。『神学政治論』の後半部はこういう文法で語れない力の領域を常に視野に入れていて、そのため実にニュアンスに富んだ議論になっている。

これだけではよくわからないが、後に書かれた『政治論』を見ればスピノザが何を考えていたのか察しがつく。『政治論』はスピノザが晩年に書いていたもので、彼の死によって最後のほうの民主制論に入ったあたりで未完になっている。もう敬虔の文法の話ではなくて、国家を、それ自身の法則で何かができている一個の自然個体という観点から考察している。だから社会契約の話が出てこない。統治権は契約の文法によってではなく「群集の力能」(multitudinis potentia) によって定義されるのである。引用しよう。

人間たちが共通の法体制を持ちそして全員があたかも一つの精神によってのように導かれる場合、彼らの各人は自分以外のメンバーが全体として力で彼にまさるそのぶん権利を少なく持つということ、これは間違いない［……］。いいかえれば、ひとりひとりは事実上、共同の権利が許してくれる以外のいかなる権利も自然に対して持たない。さらに、共同の合意に基づいて命令されることは何でも実行するよう義務づけられ、あるいは［……］そうするよう権利をもって強いられる。［……］群集の力能によって定義されるこうした権利は、ふつう「統治権」と呼ばれている。

(『政治論』第二章第十六―十七節)

人間たちが最高権力の共通の法に従っているとき、メンバーのひとりひとりの持つ力は、彼以外のメンバーたちが全体として作り出す強大な力によって圧倒的に凌駕される。人間は単独では大したことができないが、共同して結合するときその総体ははるかに有能な一個体となる。ひとりひとりと集団との間のこの圧倒的な力の差。これが、「統治権」すなわち最高権力が人に何かをさせることができている物理的な基盤だ。そうスピノザは考えているのである。

『エチカ』の第三部は人間がどんなふうに個体としてふるまうようになっているかということについて詳しく論じていた。人間は事態がこれからどうなっていくか必然的な因果連鎖を知らないので恐れや期待を抱き、この恐れや期待から行動へと決定される。とすれば、いまの話に戻ると、ひとりひとりが自分以外のメンバー全体の圧倒的な力を先取り的に期待したり恐れたりするようになっていれば、それだけでめいめいは服従へと決定され、そうやって全体として、実際にその力を各人に対して実現してしまうだろう。で、各人はまたその圧倒的な力を今後も期待しあるいは恐れ……というふうに循環的にことは進行していく。スピノザはこういうふうにして各人の力との差として現れるアノニムな力を「群集の力能」と呼び、人間集団がひとりひとりの人間に対して何かをさせるリアルな力として考える。「群集」のラテン語 multitudo はちょっと訳しにくいが、多くのものの集まりという意味である。その際みんなが同じ意見で一致している必要はぜんぜんなくて、要するに同じものをそれぞれの理由で恐れたり期待したりしていればそれでよい。『神学政治論』の言葉で言えば「服従の理由ではなく、服従自体が臣民を作り出す」（第十七章、下巻一九一頁）のである。

だからこう考えなければならないと『神学政治論』のスピノザは言う。人間は最高権力の命令に服従しているときも、常に期待や恐れの入り混じったそれぞれなりの思惑からそうしているのである。そんなふうに彼らを服従させる原因は、必ずしも法の主張する公の理由にはない。最高権力は「それが欲することを人々の大部分が信じ・好ましく思い・嫌悪を感じるように、さまざまな仕方で効果を生み出すことができる」。すべてを命令する必要はないのであって、要は人心を掌握できていればよい。権力はその掌握しているところまで権利が及ぶのである（第十七章、下巻一九一―一九四頁）。ここで言われていることを押さえておくために、いまいちど『政治論』を引いておこう。

われわれが人間は自己の権利のもとにでなく国家の権利のもとにあると言うとしても、それは［……］国家が人々に空を飛ぶようにさせたり、あるいはそれと同じくらい不可能なことだが、嘲笑や吐き気を催させるような事柄を尊敬の念をもって見るようにさせたりする権利を有する、という意味ではない。われわれが意味しているのはむしろ、それが定立されると国家に対する臣民の畏敬と恐れが定立され、それが除去されると恐れと畏敬が、そしてそれとともに国家も同時に滅びてしまうような、そういう何らかの諸事情が生じている、ということである。というわけで国家が自己の権利のもとにあるためには恐れと畏敬との諸原因を維持するよう拘束されるのであって、そうしなければ国家はもはや国家たることを止める。

（『政治論』第四章第四節）

これでおわかりだろう。『神学政治論』のスピノザも、それなしには現実の服従が消失するようないわば物理的な境界条件を考えている。それをわれわれは『政治論』の言葉で「群集の力能」の自然法則が課す条件として名指すことができる。最高権力の権利は大多数の臣民の畏敬や恐れを憤激に転化してしまうような事柄には決して及ばない（『政治論』第三章第九節）。そういうことを命じればそれだけで人心が離反し、ひとりひとりにそうさせるための当の力を失うことになるからである。統治権を掌握している者たちはだから、多くの臣民に少なくとも正しく立派に見えるようなことしか安全に命令はできない。それを無視すると内から戦争状態がきざし始める。最高権力といえども自分自身の敵とならぬためには「自滅に陥らぬ用心をするよう拘束される」のである（『政治論』第四章第五節）。

というわけで、最高権力掌握者を正義へと強い、と同時にそうやって臣民各人に正義を守るように強いているのは、彼らひとりひとりを等しく超える群集の潜在的な暴力だということがわかる。ひょっとすると、モーセが、そして王と民を諫《いさ》める預言者たちが、神の正義を説く際に曝されていたあのアノニムな力はこれだったのかもしれない。

自由の擁護

残るは思想言論の自由がどこまで及ぶか、である。『神学政治論』第二十章はいよいよ大団円を迎える。ふりかえってみよう。敬虔の文法は神への服従の論理的な条件とその帰結から成り立っていたのだった。すなわち正義と愛を実践している人ならだれでも信じていることになる「普遍的信仰の教義」、そしてそういう人ならだれでも約束したことになっている「自然権の委譲」である。そして服従の今度は物理的な条件として、「群集の力能」の法則が課する境界条件があった。これらの解明がどっと一点に収斂する形で、スピノザは最後に自由と敬虔の両立可能性を証明し、全巻を終わる。もう一度、何を証明しなければならなかったか確認しておこう。

一、思想言論の自由は敬虔と共和国の平和を損なうことなしに許容されうるということ。

二、のみならずこの自由が除去されれば共和国の平和と敬虔も同時に除去されざるをえないということ。

この二点であった（序文、上巻四五頁）。第二十章をもとに、それぞれその証明を再構成して書いてみる。

まず、一。「普遍的信仰の教義」で見たように、その人の信仰が敬虔かどうかは内容の真偽によってではなくその人の行為の正しさのみによって判定される（これはよし）。そしてその正しさの判定は、「自然権の委譲」で見たように、もっぱら最高権力が法に基づいて行う（これもよし）。しかも人間は自分で感じたり考えたりすることをやめることは本性上不可能なので、最高権力への自然権の委譲は考える自由の放棄に及ぶことはありえない（そりゃそうだ）。とすれば、各人は何を考え何を言おうが行為の上で法に従っているかぎり、敬虔と平和を損なっているとだれかに責められるいわれは一切ない、ということが帰結する（！）。よって、思想言論の自由は敬虔と共和国の平和を損なうことなしに許容されうる。証明終わり（もっとも同じ理由から、社会契約を実質的に破棄するような言動は例外となる。これは「反逆的意見」なので大逆罪に相当するものとして厳重に処罰弾圧されねばならない）。

いいかえれば、各人は法をリスペクトして遵守しているかぎり、こんなことを考えたり言ったりしたら不敬虔になってしまうのではないかと恐れる理由は何もないということだ。

行為において現行法に反しないなら、言論の上ではおおいに法を吟味批判してかまわない。「反逆的意見」の自由だけが排除されるのである。

次は二。もし最高権力が宗教的勢力の圧力に譲歩して思想言論の自由を抑圧する法律を作るなら、そのときから最高権力は不正を犯しているかのように見え始めるだろう。というのも、自分の信条が不敬虔だと言われることほど堪え難いものはなく、断罪された人々は意見をかえるどころかむしろ殉教者の誇りを見せるだろう。真摯《しんし》さは人を感動させる。これにシンパシーを抱く人々が増えていくだけで、最高権力はどんどん不正なことをしているように見えてくる。当然これは最高権力への人々の畏敬を失わせ、「群集の力能」の法則に従って共和国の平和を危機に陥れることになる。

また、たとえ最高権力の規定に従ってでなくては一語も発しないように締め上げても、人々が最高権力の欲することとしか考えないようなふうにすることまでは決してできない。これは物理自然的に言ってできない。人々は毎日自分の思っているのと違うことを語らざるをえなくなり、共和国においてもっとも必要な信義というものが損なわれ、ごまかしが蔓延する。こういうなかで敬虔をまともに受け取る人はいなくなるだろう。

よって、思想言論の自由を除去しようとすれば、同時に共和国の平和と敬虔も除去されざるをえない。証明終わり。ここからの結論を引用しておこう。

ゆえに私はここに次のように結論する。敬虔と宗教をただ隣人愛と公正の実行のなかにのみ存せしめ、宗教的ならびに世俗的事柄に関する最高権力の権利をただ行為の上にのみ及ぼさしめ、その他は各人に対してその欲することを考えかつその考えることを言う権利を認めること、これほど共和国の安全のために必要なことはないのである、と。

（第二十章、下巻二八九頁）

これですべての証明は完了した。

第4章 『神学政治論』の孤独

スピノザは課題を果たした。そしてこう付け加えて『神学政治論』を終わっている。

残るのはただ、私は本書のなかで書いた一切をわが祖国の最高権力の吟味と判断とに喜んで服せしめる用意のあることを特に断っておくことだけである。もし私の言ったことで何か祖国の法律に矛盾したり、あるいは公共の安寧を害したりすることがあると最高権力が判断するなら、私はそれを撤回したい。私は自分が一個の人間であって誤りうることを知っている。しかし私は誤らないように、とりわけ私の書くことが何であれ祖国の法律、敬虔、良俗に完全に合致するように細心の注意を払って努めたのである。

（第二十章、下巻二八九―二九〇頁）

この言葉はまったく信用されなかった。本書の最初で述べたように、『神学政治論』は無神論の書としてさんざんに非難された。論難者のひとり、一度名前が出てきたランベルト・ファン・フェルトホイゼンの言葉を借りれば、その教説は「すべての礼拝と宗教を除去し、これを根底から覆し、ひそかに無神論を導き入れるもの」であり、著者は「遠回しのもっともらしい諸根拠によって、純然たる無神論を説く者」である。これが頭の固い神学者からの難癖ならわかるのだが、ファン・フェルトホイゼンはむしろリベラルな共和派デカルト主義者である。早くから共和国にホッブズの契約説を導入したのも彼だし、総督派に加担する正統派神学者たちを向こうに回し「神学と哲学の分離」と「哲学の自由」をかかげて闘っていたのも彼だった。彼のような、スローガンだけで見るとほとんどスピノザと同じ政治的立場を取っているように見えるデカルト主義者たちの多くが、しかしどういうわけか『神学政治論』の攻撃に回った。そしてスピノザが擁護しようとした共和国の最高権力は『神学政治論』を禁書処分にする。いったい、なぜ?

最後の章のテーマはこのすれ違いである。ここにはきっと、西洋近代が解けずにいるいわば「スピノザ問題」とでもいったものがある。『神学政治論』はあの時代、ほとんどだれにもまともに受け入れられることはなかった。その孤独はいまも終わっていない気がする。

偽装された無神論?

ファン・フェルトホイゼンとスピノザはまだ互いに面識はなかったようだ。いま引用した批判を知人から見せられたスピノザは相当ショックを受けたようである。「この人は私の言いたいことをまったくあべこべにとっている」とか、「いったいそういうことを悪意でやっているのか無知でやっているのか私にはわかりません」とか言っている(書簡四十三)。ファン・フェルトホイゼンの批判はいまのスピノザの反論とともに岩波文庫『スピノザ往復書簡集』に入っている(書簡四十二)ので、一度は読んでおきたい。彼は『神学政治論』の論旨を要約しながら批判しているのだが、公平に見て、けっこうちゃんとした要約だと思う。スピノザも後になって知り合ってから、この人は知的に信頼できると一目置いていた。だからこそすれ違いは深刻である。

ファン・フェルトホイゼンが『神学政治論』に見たのはある種の欺瞞《ぎまん》であった。「ひそかに無神論を導き入れるもの」という言葉にそれはよくあらわれている。『神学政治論』の匿名の著者は宗教を肯定するように見せかけながら、その実、宗教を捨てている。宗教を捨てている者が宗教を肯定するなどということは、欺瞞でなくて何であろう。そう彼は感じた。スピノザはこれに対し、いや、自分ははっきりと、最高の自由と幸福が神を愛することに存するということ、そして各人は隣人を愛し最高権力の命令に従うべきであるということを述べ、しかもそれを確実な論拠で証明した。そういう私を「宗教を捨てている」などとなぜ言えるのかわからないと書いている（書簡四十二、四十三）。このすれ違いは何なのだろう。

ファン・フェルトホイゼンが言うには、まず著者の言っている「神」があやしい。神を認めるなどと言っているが、どうもそれは祈りや裁きの神ではない。一切を不可避的な自然法則の必然性によって生じるような神、ほとんど宇宙と同じようなものである。もしそうなら神が異なった宇宙を創ることは不可能だったわけであり、すべては必然で「最後の審判」の余地なんてどこにもない。著者によれば、そういう裁きのような話は預言者たちが無知な人間たちを徳へと駆るための方便で、真理とは何の関係もない。聖なる教師たちは「それ自体では真でも何でもなくて、ただ聞く人々の思いなしのなかでそう思われた議論」によって人々を徳へ教化しようとしただけだ、と言うのである。方便なら、どのような教義、どのような礼拝が真の宗教かなどということは意味を失う。実際、著者は異教徒に神や預言者がいてもかまわないし、ユダヤ人だけが神に選ばれたなどということもないと言っている。それならモハメッドのイスラム教はどうするのか。しかし著者の結論では、最高権力は正義と誠実の維持だけ配慮していればよいのであって、「どんな教義と礼拝が真理と最も合致するか」という問題は著者にとってどうでもよい（書簡四十二）。

おわかりであろう。ファン・フェルトホイゼンはあの「聖書は真理を教えていないし教える必要もない」というテーゼに引っかかっているのである（彼は聖書解釈についてはメイエルの合理的解釈に近い立場にいた）。聖書が真理を教えていないなんて、もしそんなことを認めたなら、わが共和国の「真の宗教」はまるで、無知な人々を正義の徳へと駆り立てる大掛かりな詐欺のようになってしまう。『神学政治論』の全体は結局ためにする議論にすぎなくて、やっぱり本当は聖書の啓示宗教なんて一種の詐欺だとほのめかしているのではないか？　ファン・フェルトホイゼンはそこまで口に出していないけれど、疑惑はおおよそこういうものであった。

この疑惑はわからないでもない。実際、『神学政治論』はその種の疑惑のもとでずっと読まれ、今日に至っている。スピノザは、彼自身の言葉を信じるなら宗教を受け入れ肯定しているはずなのだが、その肯定が、普通の意味ではとうてい不可解な肯定なのだ。書き出してみればそのことがよくわかる。スピノザはこう主張しているように見える。

啓示宗教は真理を教えない。

信仰は無知であってかまわない。

よって、真理を知る者は宗教と信仰を肯定する。

なぜ？　これがわからないかぎり、われわれもファン・フェルトホイゼンの抱いたのと同じ疑惑から外には出られない。

三大詐欺師？

十八世紀に『三大詐欺師論』という著者不明の地下文書がヨーロッパに出回っていた。三大詐欺師とはモーセ、キリスト、モハメッドである。宗教はすべて政治支配の巧妙な道具であって、三大宗教の創始者たちはみな民衆の無知に付け込んで自分を神の使者と思い込ませ支配しようとした、彼らは神聖な存在なんかではないし、彼らの説く神も虚構であり、地獄もなければ天国もない。そんな反宗教的な内容である。最初、このフランス語の地下文書は『スピノザの精神』というタイトルで世に現われた。タイトルどおり、スピノザの『エチカ』と『神学政治論』の一部を巧みに利用しながら書かれていたのである。

スピノザもそんなふうに預言者を見ていたのだろうか。ちょっと見には微妙なところだ。たしかに『神学政治論』第十七章はアレキサンダー大王を例に取りながらこう言っている。王たちは自己の安全のために自分は不死の神々から系統を引いているのだと世間に信じ込ませようと努めたが、もちろんそんな見え透いた「偽装」に人はだまされるものではない。

しかし他の人々は、主権は神聖なものであって地上における神の代理であること、それは神から任命されるのであって人間の選挙や同意によって設定されるのではなく、また特殊の摂理と神の援助によって維持され擁護されるのであることをもっと容易に説得できた。（第十七章、下巻一九八頁）

そして神の啓示はモーセにそうした「統治権の安全」のための方策を教えた。そんなふうに言っている。じゃあ、やっぱり「神の代理」は支配のための偽装だっていうことか？

前に見たように、ヘブライ神政国家は非常にうまくできていた。姿の見えない神の代理のそのまた不在を十二支族の指導者たちが平等に分掌補佐する。この国家組織は当人たちが知らないうちにあたかも民主国家のように機能して、治者は暴君とならず被治者は反逆者とならぬように人心を制御できるようになっていた（第十七章、下巻二一二―二一三頁）。ここで詳しくは入れないが、スピノザは祭儀や土地制度、軍制などでどんなに巧妙な仕掛けができていたか分析している。ただ民主国家と違うのは、モーセを含めて、ヘブライ人たちは自分たちがなぜそんなにうまくいくようになっているのか理由を知らなかった。引用しよう。

モーセはイスラエルの民がどうすれば世界の一定地域において最もよく結合し、まったき社会を形成しあるいは統治権を建設できるか、さらにまたどうすれば人民が最もよく服従へ駆られるかという手段方法を啓示によって、あるいは彼に啓示された諸基礎にもとづいて見て取った。しかし、そういう手段が最適であるとか、そういう地域で人民がそろって服従することから彼ら人民のめざす目標が必然的に帰結してくるであろうというふうに見て取ったのではなく、また啓示されたわけでもない。

（第四章、上巻一六一―一六二頁）

そういう手段が最適であって実質的に民主制と変わらないということは、『政治論』のように統治権を群集の力能によって定義する真の政治学ではじめてわかる事柄である。モーセはうまくいく諸原因を知らなかった。「それゆえ、彼はこうしたすべてを永遠真理［つまり自然の法則］としてではなく、命令や訓戒として把握したのであり、また彼自身これをもっぱら神の律法として命じたわけである」（同上）。

スピノザの目から見れば、神政国家の秘密は欺瞞や策略にではなく無知にある。王たちは見え透いた策略を弄したが、モーセは「欺瞞によってでなく神的な徳によって人民の判断力を大きく左右した」。人民たちも彼を「神の人」と信じ、その言行のすべてが神の息吹に満ちていると信じていた。しかし――とスピノザは付け加えるのを忘れない――常に人民の潜在的暴力に曝されていた点ではモーセも変わりはない（第二十章、下巻二七二頁）。預言的確実性のところで見たことを思い出していただきたい。預言者たちは正義への誠実な思いだけを担保に、外の力に曝されるようにして、かく言うことの正しさの確信を得たのだった。ちょうど普遍的信仰の教義がその無知によって真偽の詮索から守られていたように、預言者もまたその無知によって欺瞞や策略の詮索から守られているのである。われわれだってインスピレーションが外から来るように思えることがある。預言者たちは無知でかまわなかったし、事実無知であった、だからこそ群集の力能に曝されながら彼らがその無知によってなしえたことを心に留めよ。スピノザはそう教えているように思える。

そういえば当時の聖書解釈に、預言者は真理を直接語らず人々の無知にあわせて語ったとする適応理論というのがあって論議を呼んでいた。神学者や哲学者たちは、真理を知っていながら無知にあわせるというのは欺瞞にならないか、とか、いやそれはよき配慮であるとか、いろいろ言っていた。だが誠実であることと真理を語ることとは別である。預言者たちは無知だったと言い、その無知ゆえに預言者を全面的に肯定するスピノザのほうがよっぽどまともかもしれない。

奇蹟と迷信

こんなふうに当初は順調で領土獲得も進んだので、その原因を知らない彼らヘブライ人たちは奇蹟が自分たちの民族に起こったと信じた。こういうところから、自分たちは神に選ばれた「選民」であるという聖書の記述が出てくるとスピノザは言う（第三章、上巻一二六─一二七頁）。もちろん人間も自然の一部分なので、人間の行うことも含めすべては確固不変の自然の秩序、無数の自然物の連結から必然的に生じる。全部それは神の業なのだから、自然の秩序を「神の指導」と言っても同じである。そして、ときにはヘブライ人たちのように、本人たちの知らない事情で自分たちの存在維持に都合の良いことが生じる場合もある。そういう幸運な出来事は、当事者たちに一種の奇蹟と見えてもおかしくないだろうとスピノザは言う（第三章、上巻一二四─一二五頁）。

スピノザが断固否定するのは、神が超自然的な力として自然の運行に介入してくるという意味での奇蹟である。そんなものは存在しない。自然法則に反する超自然的な介入こそ神の存在を証明するものだと考える人たちがいるが、神が何をするかわかったものではないなどという見解はあらゆることを疑わしいものにし、われわれを「無神論」へと導くぐあろう、などとスピノザは言っている（第六章、上巻二一〇頁）。

スピノザによれば古代のヘブライ人は近代人と違い、自然の業はすべて神の業だと考えていた。それで、嵐は「神の叱責」、雷は「神の矢」というふうに、何か理解を超えたすごい自然現象は何でも神に関係させて語る。「奇蹟」が神の驚嘆すべき業と呼ばれるのもそういうことである（第一章、上巻七六頁）。だから、聖書が本当に起こったと語っているのなら、すなおにそう認めれば良い。彼らにどう見えたにせよ起こったことはすべて神の業であって、「必然的に自然の法則に従って生起した」のである（第六章、上巻二二〇頁）。

古代ヘブライ人の世界ではそもそも自然を超えるかどうかということは問題としてすら生じていなかった。スピノザは奇蹟を神の超自然的な介入と見なすのは「新しい種類の証明法」であり、「近代のキリスト教徒たち」の勝手な意見だと指摘している（書簡七十三、七十五）。現代のわれわれも奇蹟などというとすぐに超自然的不思議のように考えてしまい、そんなのあるはずがない、迷信だ、とか、いや本当にあったのだとか言っているわけだが、こう見てくると、スピノザのほうが聖書のヘブライ的伝統に忠実なのかもしれない。

ついでに言うと、『神学政治論』には奇蹟は迷信だと述べている箇所は一つもない。これもちょっと意外ではある。

スピノザによれば一般的に迷信は奇蹟と反対に、統治がゆるみ、何ごとにつけうまくことが運ばず国家が危機に瀕するときに出てくる。人々はそういうときになるといろいろな事柄に吉兆や凶兆を見つけ出し、神々の怒りを鎮めようとあれこれ犠牲や誓願を捧げるようになる。そんなことでうまくいくはずがないので、まだダメだと判明していない新しい迷信へと次から次に気移りしていく。支配の道具としては危なすぎるのである。

この結果として民衆は宗教の口実のもと、いとも容易に、いま彼らの王たちを神々のごとく崇拝していたかと思うと、たちまちに王たちを呪い、人類共通の災いとして嫌悪するよう駆られることになる。

迷信のこの浮動性は「幾多の騒擾、幾多の恐ろしい内乱の原因となってきた」。そしてこの弊害に対処するために、国家における宗教儀式の制度化に莫大な努力が傾けられてきたのだとスピノザは言う（序文、上巻四三頁）。

ひょっとするとスピノザは最初のヘブライ神政国家をそういう弊害対処の成功例として考えていたのかもしれない。そう考えると、なぜスピノザがヘブライ神政国家の哀亡を「宗教の迷信への堕落」と並行させて語っているのかも腑に落ちる。こんなふうである。

神政国家は当初の形ではうまくいくはずだった。しかしモーセもだれもそのうまくいく原因を知らなかったので、途中で形を変えてしまうのである。おそらく偶像崇拝の咎《とが》により、平等に参加するはずの祭儀の職務からレビ族以外の長子が排除され、かわりにレビ族にこの職務が一手に任されてしまう。十二支族の平等が構造的に破れ、聖職者階級が出現するのである。特権階級が出てくると他の人々との間の相互不信と軋轢《あつれき》が生じることは避けられなかった。内部分裂は不可避となり、間に合わせの第三者として王が立てられ、やがて分裂王国の時代が来る。王たちは当然既存の祭司権力を掘り崩そうとして不可避的に圧制君主になってゆき、これに対抗する預言者が新しい王を擁立するとまたこの王も圧政君主となってゆき、というふうに構造的に騒擾が絶えない。実際、とスピノザは指摘する、ヘブライ人たちが（それと知らず）人民として実質的に統治権を掌握している間は一度しか内乱が起こらなかった。なのに、王の統治になってからは内乱がほとんど果てることがなかった。「このようにして諸々の軋轢や内乱が果てることなく、神の法を侵害する原因は常に同一にとどまり、そしてそれは全統治もろともにでなくては除去され得なかった」。そしてバビロニアによって神殿は破壊され、ヘブライ神政国家は名実ともに滅亡する（第十七章、下巻二二七―二三一、第十八章、二三九頁）。いわゆるバビロン捕囚である。そのあとペルシャの後ろ盾で第二国家が再興されるが、それは完全な統治権を持たない影のようなものだった。大祭司たちはかつての支族の指導者の地位を得るために民衆に迎合し、律法を自分勝手に解釈し始めた。こうして宗教は「厭《いと》うべき迷信」に堕したとスピノザは言う。勝手な解釈が論争を招かないはずはない。そこからまたもやきりのない分派抗争が生じ、民衆を煽動する「迷信の熱狂」が新たな騒擾を生み出してゆく（第十八章、下巻二三五―二三七頁）。

これを見ると、スピノザは宗教は迷信だ、どころか、宗教が迷信への対処としてなければならなかった、と言っていることがわかる。そしてその首尾と国家の存亡は別物ではない、宗教制度が失敗するとき迷信がはびこり滅亡が始まるのだと。おそらくわれわれが「敬虔の文法」と名付けたものも、こういう文脈のなかでスピノザは考えているに違いない。正しい文法が守られないとき、群集の力能によって定義される統治権は自分自身に対立し、力を失うのである。

有徳の無神論者というパラドックス

こうしてスピノザは宗教を、そして無知なる信仰を、そのあずかり知らぬ理由でもって肯定した。

そうかもしれないが、でもやっぱり信じてないんでしょう？

そう、信じてないのである。少なくとも信者が信じるようには信じてない。けれども受け入れている。

こう言えばよいだろうか。スピノザは宗教を、その真理性という点ではまったく信じていないが、それがそんなふうに言う正しさ、そしてその正しさの解消不可能性という点では全面的に受け入れる。スピノザは真理として肯定するという意味のラテン語affirmareと区別して、両腕を開いて抱き包む、受け入れる、という意味のamplectiという語をニュアンス深く使っているように思う。たとえ真理でなくても受け入れる、のである。こういう受け入れ方は欺瞞的だろうか?

ファン・フェルトホイゼンをはじめ多くのデカルト主義者たちは欺瞞的だと思った。スピノザの主張は彼らには「真でないけれど真として受け入れよ」「信じてはならないが信じよ」という一種のダブル・バインドとして映ったのではないかと私は思う。それも無理はない。彼らはほとんどがキリスト教徒だったので、当然、信じるべきは真理だった。真理でなくても受け入れるなんていう論理は彼らにとってまったくナンセンスだったろう。ここにすれ違いの悲劇がある。デカルト主義者たちは「哲学の自由」という自分たちのスローガンとそっくりのスローガンを掲げる最も悪質な無神論者をスピノザに見いだした。「私に好意を持っていると疑われている愚かなデカルト主義者たちが、この疑いを取り去ろうとして、私の意見や著作を絶えず罵倒し、今も罵倒することを止めません」とスピノザは嘆いている（書簡六十八）。

しかし、宗教の肯定というとき、彼ら近代のキリスト教徒たちはスピノザほどにちゃんと肯定できていたのだろうか。彼らは宗教と真理を分けないので、哲学や科学が宗教をおびやかすのではないかという危惧を捨てられない。奇蹟を超自然的出来事だとするので、いつ迷信だと言われないか心配である。そんなふうに、まるで理性的に考えることが奇蹟を否定し信仰を否定することのようになってしまう。理性は宗教と対立しこそすれ、まともにそれを肯定することなど及びもつかない。そのあとの近代の歴史を見ればよくわかる。

だがスピノザは違った。スピノザにとって、現実のなかに生じる一切は神の本性の必然性から生じる。人間を含め自然のなかで生じる一切はそのまま神の業であり「一切が神のなかに生き、神のなかに動いている」。いや、古代のヘブライ人たちがそう言っているのだとスピノザは言う。自然の業のなかには自然法則の課する正しい規範が「神の永遠の知恵」として顕われている。そしてその知恵は、イエス・キリストにおいて一番多く顕わされた。これも意外だが、そんなことまでスピノザは言っている。スピノザは神が受肉したなどとは信じないが、そんなことで値引きされるような知恵なら永遠の知恵とは言わない（以上、書簡七十三を参照）。かくてスピノザは、何の躊躇もなく宗教を肯定する。どんなに奇蹟物語がくっついていても啓示宗教は迷信ではないし、預言者は外から徴を得ているかぎり、たとえ無知であってもその権威を全面的に信頼してよい。聖書は敬虔の正しい文法を教え、敬虔は共同社会の平和に不可欠である。キリストも平和と敬虔を教えた。ならば聖書を擁護しないどんな理由があろうか。よって、これらすべての真理を知る者は宗教と信仰を肯定する。全面的に、一点の曇りもなく。「近代のキリスト教徒たち」はいったい何を恐れているのか、ここまで来ても失うものは何もないのに、とスピノザは言っているようだ。

結局、スピノザは本当に無神論者だったのだろうか？　この問いは、何だかだんだんぐらついてくる。「無神論者」というレッテルは、当時は反宗教的で名誉や富を法外に欲しがる人間を意味していた。『エチカ』の賢者にはまったくそんなそぶりがない。質素で慎ましい暮らし。無名を貫こうとする謙虚さ。スピノザを知っている人は当時からそのあまりのまともさに驚き怪しんだ。「有徳の無神論者」というあだ名がこの逆説をよく表している。スピノザは自分は教会には行かなかったけれども、下宿のおかみさん家族には毎週説教を聞くようにすすめていたらしい。そして、ある日おかみさんから、いまの自分の宗教で救われるだろうかと尋ねられて、こう答えたという。

あなたの宗教は立派です。あなたは静かに信心深い生活に専念なさりさえすれば、救われるために何もほかの宗教を求めるには及びません。

（リュカス／コレルス『スピノザの生涯と精神』）

無神論の策略？　おそらくそうではない。スピノザは無知なる信仰をその信仰のために肯定する。すべてに及ぶ「神あるいは自然」の力が、ひとりの人間が救われて幸福になる力として今そこに及んでいることを彼は肯定し、全面的に受け入れるのである。

こんなふうに見てくると、宗教をちゃんと肯定できているのはむしろ『神学政治論』のスピノザの方じゃないかという気がしてくる。真理を知る者は真理を語らぬ宗教を受け入れ、無知なる信仰を受け入れる。他者のために、そして自らの存在維持のために。神学政治論的な全状況のなかで群集の力能に曝されながら、いわば無限に遠くから「自己自身を愛するように隣人を愛する」って、そういうことではないだろうか。

だが、こんなことを理解する人は彼以外、だれもいなかった。『神学政治論』の孤独である。この著作の大いなる逆説によってスピノザは一つの謎となった。「無神論者」が宗教を肯定できるとすれば、それはあなたの言っているような「無神論者」なのか？　問われているのはわれわれである。

II　分析と論争的読解

第1章　**信仰教義をめぐって——スピノザと敬虔の文法**

第Ⅱ部はあらためてテクストの細部に入り込み、『神学政治論』の解釈をめぐる諸家の論争に介入する。まずは本書第Ⅰ部に出てきた「普遍的信仰の教義」について、である。『神学政治論』は、一六七〇年に匿名で出版されるや、たちまち偽装された無神論と目されスキャンダルの的となった。超越的な人格神を否定し、自然を神とするスピノザが、この書ではあろうことか聖書の信仰を称揚し、わざわざその教義をコンパクトな信仰箇条の形にまとめることまでしている。とすれば、これは問題にならないはずがない。いったいこの「普遍的信仰の教義」の正体は何なのか。

『神学政治論』のスキャンダル

スピノザの著作のうちでも、『神学政治論』を読みこなすのはかなり難しい。それは

『知性改善論』や『神・人間及び人間の幸福に関する短論文』のような初期草稿に特有の困難でもなければ、主著『エチカ』の、あの幾何学的な論証が強いる困難でもない。その難しさはこの書の、一種得体の知れない曖昧さにある。

その出版とともに、『神学政治論』はスキャンダルの渦中に投げ込まれる。そこには奇妙なすれちがいがあった。じっさいそこに盛られた、神学と哲学の分離、迷信から自由な聖書の批判的解釈、寛容な共和制の支持といった主張を見る限り、当時のオランダ共和国のリベラルな共和派イデオロギーからそう大きく逸脱するものではない(1)。スピノザが当時の開明的な知識層の共感を当てにしていたことは、「哲学的読者諸君よ」というその呼びかけからも分かる。ところが事実は、『神学政治論』はそうした層の支持をまったく失う結果となったのである。とすればスキャンダルの理由は、そうした表に現れた主張とは別になければなるまい。当時の人々の目には、『神学政治論』はある種うさん臭い書物として映った。この著者はもっともらしい説でうわべを装いながら、実はなにか秘密の得体の知れない思想、おそらくは無神論を隠し持っているにちがいない。これは巧妙に偽装された無神論なのだ、と人々は感じたのである(2)。

このようなスキャンダラスな反応を、われわれは十七世紀という時代のせいにしようとは思わない。というのも、『神学政治論』のこの疑惑をめぐる問題は、それから三世紀を隔てた今日においてもなお解消されているわけではないからである。策略か、それともリベラルな信仰への呼びかけか？　『神学政治論』をどう読むべきか決定的な解釈はまだない。

先取りして言うなら、私としては、スピノザの誠実さを救うことができると考えている。ただそれは、まさに『神学政治論』が著者スピノザの意図を裏切り、失敗とスキャンダルへと運命づけられるその地点においてでなければならないだろう。その意味で、十七世紀の読者たちの反応は、結果的にみてそれなりに根拠があったことになるだろう。

クレド・ミニマム？

さて、考察に入る前に、まず問題の「普遍的信仰の教義」をお目にかけねばならない。これは論者のあいだで「クレド・ミニマム（最小限の信仰箇条）」と呼びならわされているもので、『神学政治論』第十四章に出てくる。[3]「聖書が全体として意図している基礎的諸教義」は何か。先立つ章で聖書の批判的解釈を行ってきたスピノザは、これを次の七箇条に書き出す。

一　「神、いいかえるとこのうえなく正しく慈悲深いもの、すなわち真の生活の模範が存在すること」。

二　「神は唯一であること」。

三　「神は遍在的であること」。

四　「神は万物に対して最高の権利と支配を有し、権利上強制されてでなく、絶対的な恩恵と特殊な恩寵によって一切をなすこと」。

五　「神への崇敬ならびに神への服従は、もっぱら正義と愛徳すなわち隣人愛の中にのみ存すること」。

六　「この生活様式によって神に服従する者はすべて救われ、これに反して欲望の支配下に生活する者は捨てられること」。

七　「神は悔い改める者に対してその罪を許すこと」。

これが「普遍的信仰の教義」(fidei universalis dogmata) とスピノザの名付けるものである。教義の告げる愛と正義と慈悲の神が、『エチカ』の語る「神すなわち自然」と整合しないのは誰の目にも明らかであろう。『エチカ』の神はそもそも人間に対するまなざしを持たない(ライプニッツがこのことをどんなに恐れたことか)。それは人間からの愛に応えることはない。慈悲どころか、いかなる感情も持たない神である。[4] にもかかわらず、神に服従するためには「なんぴとの例外もなく」この普遍的教義を知っておかねばならぬとするスピノザの、その真意はどこにあるのか?

偽装か教育的配慮か

これまでのところ、大別して二系列の解釈が提案されている。互いにまったく対極をなす解決だが、『神学政治論』が高度にレトリカルな著作であるという基本的な認識で一致する。『神学政治論』は当時の読者の「把握力にあわせて」語っている、というのである。「把握力にあわせて」という表現には、二つのニュアンスがある。ひとつは、本音を隠すためにうわべで話をあわす、という欺瞞的な意味。もうひとつは、相手にショックを与えないよう気遣いながら本音を伝える、という教育的配慮の意味。このどちらで考えるかで、大きく『神学政治論』全体の解釈が分かれる。

まず、欺瞞的な意味で考えるとどうなるか。これは、たとえばレオ・シュトラウスに代表される解釈である。彼によれば、『神学政治論』は無神論的戦略に従って書かれている。スピノザは神に関する事柄について、一方では聖書の権威を認めるふりをし、一方ではこれを否定する。このあからさまな矛盾は、この書をそのまま素直に取ってはならぬという警告を与えるために故意に仕組まれている矛盾である。そうやってスピノザは無神論の奥義を、一般人にはカモフラージュしつつ少数の潜在的哲学者たちに向けて伝えようとしているのだ、というわけである。

この解釈からすれば、「普遍的信仰の教義」は危険思想から目をそらせるおとりでしかない。スピノザは当時オランニェ公を君主に担ぎ上げようとしていたカルヴァン主義正統派の聖書神学を攻撃しようとしており、そのためにはこれと対立する共和派シンパのリベラルなキリスト教徒を味方に付けておかねばならなかった。「普遍的信仰の教義」は、こうしたリベラルな信者の目を欺くための妥協的な偽装工作にほかならぬ、ということになる[6]。

さて、解釈のもう一方の系譜は、哲学者らしい教育的配慮によってスピノザは語っているのだとする。欺瞞などとんでもない。『神学政治論』がスピノザの哲学にそぐわない言葉遣いをするのは、トピックごとに当時一般の語り口に応じたレジスターを用いているからであって、それは当時の読者（もちろんそのほとんどはキリスト教徒であった）を彼の思想世界へと無理なく橋渡ししようという教育的配慮である。とすれば、「普遍的信仰の教義」は偽装でも韜晦《とうかい》でもない。むしろそれは、迷信から浄化され、理知的に洗練された信仰教義の見本である。スピノザはそこに、自らの知的愛の神と聖書の啓示の神とをつなぐある種の共通基盤を提供しようとしているのだ、ということになる。

この反シュトラウス的解釈は間口が広い。アンリ・ローのように、この教義でもってスピノザは本気で「解放された宗教」へと読者を誘おうとしている、とまで主張する人もいる。[7] そこまでいかなくともたいていは、スピノザは読者とのコミュニケーションをとるため、彼らのキリスト教的なイマジネーションの地平までおりてくる必要があったのだ、と考えられているようである。[8]

私は以上に見た二つの解釈系譜、〈偽装説〉と〈教育的配慮説〉は、ともにミスリーディングだと思う。なぜか。

まず第一に、いずれも「普遍的信仰の教義」が『神学政治論』において占める文脈、ひいては『神学政治論』のめぐっている問題そのものを見誤らせる恐れがある。第二に、いずれも『神学政治論』の失敗という重大な問題を見逃す恐れがあるからである。順に見てゆこう。

これは説得だろうか？

第一の点は、「普遍的信仰の教義」の〈非真理〉という身分にかかわる。そもそもこの教義をスピノザは「真理」と考えているのだろうか？　それは非常に疑わしい。じっさいスピノザは、「たとえそれら教義のうちに真理の影すらもたない教義がたくさんあっても、その教義を受け入れる者がその虚偽なることに無知でさえあれば「かまわない」と言っているからである。(9) そこで先の解釈の二つの系譜は、なぜそうした非真理を、それと知りながら臆面もなく説得できるのか、という問題(私はこれを偽問題と見ているのだが)に専念する。

〈偽装説〉は当然、それは本音をくらますための偽装であると答える。シュトラウスによれば『神学政治論』は表向きもっともらしいが実は〈非真理〉でしかない言説の合間に、それとは矛盾するスピノザの、キリスト教徒にとってはおぞましいかぎりの〈真理〉の言説がこっそり忍ばされている。じっさい〈非真理〉を読者に説得するというのは策略でなければ何であろう。〈非真理〉によって〈真理〉を暗示的に説得すること。これが『神学政治論』の策略だというわけである。

これと反対に、〈教育的配慮説〉は少々アクロバットめいたことを強いられる。たしかにスピノザは、聖書は真理を教えることが目的でないと言っている。しかし真理でないからといって、ただちにそれがまったくの虚偽であるわけではない。信仰の言説はスピノザの言う表象知の秩序に属するが、それは漠然とであれある程度の真理を表現している。実際、いたるところでスピノザはそれを「理性に合致する」ものと評価しているではないか。だから「普遍的信仰の教義」は、いわば哲学的で理性的な真理と、迷信的な虚偽との中間にある〈準真理〉、真理の「置き換え」である。「普遍的信仰の教義」の内容は、比喩的に解釈すればスピノザ哲学に翻訳できる、というのである。[10] この翻訳可能性がスピノザの知的誠実を救うだろう。問題の教義がたとえ〈真理〉でないにしても、それに寄与する〈準真理〉であるなら、それは誠実な説得なのだから、というわけである。

しかし私は、「誠実」であれ「策略」であれ、はたして読者の説得感化が「普遍的信仰の教義」の目的であったのか、かなり疑問だと思う。そもそもスピノザは、哲学の「真理の領域」と、信仰ないし神学の「敬虔の領域」との間に矛盾も翻訳関係も認めない。両者のあいだには「なんらの交通関係も類似もない」。まさにそのゆえに、両者は相互に「矛盾しない」とスピノザは言う。[11]〈無関係の関係〉とでも言うべきこの『神学政治論』のテーゼについては別途に考究しなければならないが、とにかくこれに従うかぎり、そもそも矛盾とか翻訳可能性とかの余地はない。それならはじめから、偽装された真理を「矛盾」によって暗示することも、はたまた一方を他方に翻訳する「交通性」も、スピノザにとっては問題になりえなかったはずではないか。

実際『神学政治論』を読む者は、スピノザは自分が提出する教義が〈非真理〉であると知っていて何の忌憚も感じていない、という印象をもつ。そのことは彼にとって問題にはならない。そして、この問題にならないということが、この書の得体の知れなさであり、またわれわれが解かねばならない問題なのである。

誠実か策略かという議論は、〈非真理〉による説得（あるいは説得のふり）という偽問題をめぐっている。私はといえば、『神学政治論』の課題は読者の感化や啓蒙などではなく、別なところにあったと見ている。『神学政治論』のスピノザは、もっと外在的で現実的な対象に取り組もうとしていた。その現実的な対象は、まさに〈非真理〉でしかないような言説によって規制され、政治的な力の諸関係を実的に構成するものとしてそこにあった。『神学政治論』は、そして「普遍的信仰の教義」は、読者の「把握力にあわせて」語っているのではない。むしろ、そうした読者たちを、そしてスピノザ自身を捲き込んでいる、ある〈神学‐政治論的複合体〉とでもいうべき現実的な問題対象にあわせて語っているのである。

さて、その現実的な問題対象とは何か。それは本書第I部で見たように、「不敬虔」(impietas) と人の呼びならわしていたものをめぐる問題にほかならない。

不敬虔という問題

歴史的な状況をおさらいしておこう。[12]
異端審問のスペインと闘って独立を果たしたオランダ共和国は、当時未曾有の寛容を呈していた。多くの宗教的異端や哲学者がこの地に流れ込んでいたのである。もっともそれは意図されたものというより、独立戦争のなりゆき上そうなってしまったわけで、寛容政策をめぐっては激しい議論が絶えなかった。図式的に言うと、当時、レヘントと呼ばれる都市の有力な商人たちに牛耳られた共和国政府はリベラルな寛容政策を旨としていたが、独立戦争の精神的支柱をになってきたカルヴァン主義正統派教会の聖職者たちはこれを快く思わなかった。彼らは数かぎりない分離派に国家存亡の危惧を抱き、何かといってはこれを異端として禁圧するよう政府に圧力をかけた。だが両者は、政治共同体の統一のためには共同の「真の宗教」が必要であり、政府はこの宗教の維持を主要な義務とする、という認識では一致していた。一致していたからこそ、「真の宗教」を自任するカルヴァン主義正統派教会は政府に宗教純化のための異端禁圧を迫り、また政府は政府で、こうした圧力を不当干渉と言下にはねつけることもできなかった、というわけである。

正統派の聖職者は「危険思想」につねに目を光らせてはしつこく公権力に処断を迫り、民衆に向けた反政府煽動も辞さなかった。この時代、正統信仰と祖国への忠誠心の混同が常であったことを思えば、「不敬虔のやからたち」という説教壇からの告発がどれほど威力を発揮したかは想像できる。だが公権力は、処断をことあるごとに渋った。高邁なエラスムス的寛容理想からではない。正統派教会（政府のリーダーたち自身、この教会のメンバーだった）が諸派の乱立する国内で多数派を占めていなかったこともあって、公権力の肩入れは容易に決着しがたい国内騒擾を引き起こすリスクが大きかったのである。

　これが十七世紀オランダの寛容の実態である。それでも、こと出版に関する限り、政府は圧力に屈してしばしば禁書令を出した。必ずしもこれが実効力をもったわけではないが、ひろくスキャンダルを引き起こした著作に関してはそうもゆかず、公権力も動かざるを得ない。そしてそのたびに、騒擾に転化しかねない同じ問題が蒸し返されることになる。それは、「どんな見解が許容不可能なのかという明確な定義」の問題である。[13]「どこまでが敬虔でどこからが不敬虔なのか」、「どの域を越えたなら公権力は実力介入すべきなのか」という客観的な定義の不在。これが共和国の平和を内から脅かしていたのだった。

　こうしてわれわれは『神学政治論』が目の前にしている、まさしく神学‐政治論的な問題対象をあらためて定式化することができる。すなわち、だれが、いかなる権利に基づき、またいかなる権威をより所に、いかなる者を不敬虔と断罪しうるのかという問題である。この問いにかんして客観的な基準と定義を与えること。これこそ『神学政治論』の課題であった。

『神学政治論』の主題

じっさい、『神学政治論』の全体はこの問題をめぐって組織され、分節されていると見ることができる。すなわち、

　だれが＝最高権力が（十九章）
　いかなる権利に基づき＝社会契約による自然権譲渡に基づき（十六章）
　いかなる権威をより所に＝聖書のみをより所に（十三〜十五章）
　いかなる者を＝社会契約を事実上破棄する者を（二十章）

不敬虔なる者と断罪する。そしてこの断罪は国家の義務であり「敬虔＝道義心」である、というふうに……。目次を見れば分かるように、『神学政治論』の内容は預言者論、奇跡論、聖書解釈論、ヘブライ神聖国家論、社会契約説ないし最高権力論と多岐にわたっているが、実はそれらすべてが「不敬虔」というキーワードで結ばれているのである。（ついでに言うなら、普通スピノザの国家論と見なされている社会契約説も、こうした文脈の中に置き直して考えるべきであろう。私自身は、『神学政治論』には本来の意味での理論としての国家論はないと考えている。）

社会問題としての「不敬虔」が問題の中心にあることは、スピノザ自身が打ち明けている次のような執筆動機からも裏付けることができる。

私は目下聖書に関する私の解釈についてひとつの論文を草しています。私にこれを草させるに至った動機は、第一には、神学者たちの諸偏見です。この偏見は私の見るところによれば、人々の心を哲学へ向かわせるのに最大の障害となっています。ですから私はそれらの偏見を摘発して、それをより慎重な人々の心から取り除くように努力しているのです。第二には、民衆が私について抱いている意見です。民衆は私に絶えず無神論者という非難を浴びせているのです。私はこの意見をも出来るだけ排撃せねばなりません。第三には、哲学することの自由ならびに考えを言う自由です。この自由を私はあらゆる手段で擁護したいと思います。当地では説教僧たちの過度の勢力と厚かましさのために、この自由がいろいろなふうに抑圧されているのです(14)。

ここにあげられた三つの動機を結ぶのも、やはり「不敬虔」の問題にほかならない。①まず、神学者が「より慎重な人々」に吹き込んでいる偏見としての「不敬虔」。「理性は神学の召し使いでなければならぬ」という偏見は「敬虔の名のもとに」人の心に染み付いている。当時の物書きたちは自分の思想が「不敬虔」になりはしまいかとどれほど恐れ、どれほど自主規制しなければならなかったことか。②つぎに、スピノザ自身に貼られた「無神論者」のレッテル。それは「不敬虔者」とほとんど同義であった。③そして、先に見たように、思想言論の自由を抑圧する口実としてつねに持ち出される「不敬虔」。このように「不敬虔」という問題を解除することが、『エチカ』の執筆をあえて中断して『神学政治論』の書かれた動機だったのである。

念のために『神学政治論』の序文を見てみると、やはりそこからも、神学－政治論的複合体としての「不敬虔」の問題がこの書のメインテーマであったことが見て取れる。判断の自由と信教の自由は「敬虔と共和国の平和とを損なうことなしに許容されうる」のみならず「この自由が除去されれば共和国の平和と敬虔も同時に除去されざるをえない」ということ、これこそが「私が本書のなかで証明しようとした主題」であって、まさにこの論証のために「宗教に関する偏見」と「最高権力の権利に関する偏見」とを指摘する必要があったのだ。こう序文は告げているのである。⑮

敬虔の文法

『神学政治論』の全体が何の周りをめぐっているか、いま一度確認しておこう。既成宗教の権威を失墜させるのが目的でもなければ、人々を迷信から解放することが目的なのでもない。いや、スピノザは民衆が迷信から自由になることはあるまいと踏んでいた。だからこそ宗教は騒擾の危険を避けるために公的な権威として制度化されねばならず、公権力はこれをよりどころに公共の「敬虔」が維持されるよう義務を果たし、「不敬虔」は断固として処罰せねばならぬ。[16] そしてそのためには、何よりもまず、聖書に基づく「敬虔な教義」とは何であるかを確定する必要がある。……これが、いまわれわれが問題にしている「普遍的信仰の教義」なのである。それは無神論の偽装でも、解放された信仰への教導でもない。ことは先の、「いかなる権威をより所に不敬虔と断罪しうるのか」という問いの部分にかかわっている。スピノザはいかなる信仰が「敬虔」と呼ばれ、また「不敬虔」と呼ばれうるのか、その客観的な基準を、聖書の権威そのものから導出しようとしているのである。

「敬虔」(pietas) や「不敬虔」(impietas) という語の哲学的な概念的定義が『神学政治論』のどこにもないことをアッケルマンが指摘しているのは興味深い。[17] じっさいスピノザは、自分が確定しようとしている基準が哲学的な根拠づけと無縁であることを知っている。それはむしろ、ウィトゲンシュタインふうに言うなら、人々の生活の形式が依存しているある種の言語ゲームとその規則にかかわる。つまり、敬虔と不敬虔をめぐって何が語られえ、また何が語られえないかを神学-政治論的な文脈において規制している、いわば「敬虔の文法」にそれはかかわっているのである。

教皇の権威を認めないプロテスタントのオランダにおいて、こうした敬虔の言語ゲームはもっぱら聖書のみを権威として参照することで成り立っていた。そういう意味で、「聖書を聖書自身によって解釈する」という『神学政治論』のモットーは、それだけを見ればことさら斬新なわけではない。当時のプロテスタント神学者も同じモットーを掲げていたのである。[18] ただ彼ら神学者と違って、スピノザは聖書を真理の源泉としてではなく、もっぱら敬虔のゲームが依拠すべき唯一のレフェランスと見なしていた。そこに『神学政治論』の孤独がある。ここではスピノザの聖書解釈について立ち入ることはできないが、それは実のところ、「社会契約の文法」とならんで敬虔の言語ゲームの運用を規制する「聖書の文法」の研究であったと私は見ている。

スピノザは自分の聖書解釈の方法が自然研究のそれと同じだと言う。なぜなら、自然現象と同様、聖書もまた自らが提示することがらの「定義」を含んでいないからである。だから聖書は「博物学（自然史）」のように、ひとつの資料体、「ヒストリア」として研究されねばならない。[19] 聖書は、自らが何を教えとして語りえ、また何を言うことができないのか、これを規制する自らの文法を知らないのである。そこでスピノザは聖書の語りの「真の意味」を、真理条件に基づいてでなく、もっぱら言表可能性の条件に基づいて規定する道を選ぶ。スピノザの聖書解釈の方法が真に革命的なのは、この点なのである。敬虔の言語ゲームが依拠する聖書は、それ自身また、ヘブライの民の敬虔をめぐる言語ゲームの歴史的記録にほかならない。だから問わねばならないのは、いかにしてモーセの律法は愛国心と宗教心を同じ「敬虔」として語りえたのか、いかにして預言者は自らの異言を神の言葉として民の前に正当化しえたのか、また、そうした教えのいかなる部分が恣意的改竄を免れ、削除不可能なまま伝承されえたのか、といった聖書の文法なのである。『神学政治論』が独自の意味で「神学」[21]と命名しているものは、こうした聖書そのものを形成してきた敬虔の言語ゲームの研究のことであり、聖書解釈はそのために、聖書の固有な文法の解明にあたるのである。

「普遍的信仰の教義」は、こうした聖書の文法から演繹される一定の規範以外の何ものでもない。問題は神についてわれわれは何を知りうるか、ではなく、われわれは聖書の文法に従うなら神についていかなることを語りうるのか、という規範ないし限界設定である。そしてこれを定式化したものが、くだんの「教義」にほかならない。あの「普遍的信仰の教義」の七つの項目は神についての真なる命題ではなく、聖書の文法が許すかぎりでの、いいかえれば聖書にしたがって正当に言表が可能である限りでの、限界としての神の陳述なのだ。

ふつう神学者たちは「神とは何か、神はいかなるふうに万物を見、万物のために配慮するのか」といった「思弁的なことがら」を云々する。だが聖書をつぶさに検討する限り、そういうことがらについては、預言者や聖書の著者たちのあいだで意見の一致は見られないとスピノザは指摘する。その一方で、気質も境涯も時代も異なる預言者や聖書の著者が、にもかかわらずまるで示し合せたように一致して神の教えとしていることがらがある、とスピノザは指摘する。それは「何にもまして神を愛し隣人を自分自身のように愛せ」という倫理的な教えである。とすれば、これこそ「もしそれを除去すれば全組織が一瞬に崩壊するような宗教全体の基礎」ではないか。じっさい「もし聖書がひとたびこれと違ったことを教えたとしたら、必然的に聖書の他の部分もすべて違った風に教えていなければならなかったはず」だし、またそのような聖書は「ここで語っている聖書とは別の書」になってしまっていただろう。[22] いいかえれば、実にこの教えこそ聖書を聖書たらしめているもの、ひいては聖書にもとづくあらゆる言表の正当化可能性を支えている当のものであって、これに反するようなことはかつてなんぴとも聖書の教えとして言明することはできなかったし、また聖書の教えとして伝承に紛れ込むこともなかった。だから、もし聖書の文法に従って正当に語りうる神の思弁的命題があるとすれば、それはこの、神への服従を隣人愛の実践によって示すべしという「正義と愛徳」の実践が必要とする、そのかぎりでの命題でしかありえない。[23]

こうして「敬虔な信仰」と「敬虔な教義」の定義が一挙に与えられることになる。すなわち、「各人の信仰は、真理あるいは虚偽に関連してではなく、もっぱら服従あるいは従順に関連してのみ敬虔な信仰あるいは不敬虔な信仰と見なされる」。そして「信仰は真なる教義というよりはむしろ敬虔な教義、いいかえれば精神を服従へ動かすような教義を要求する」。これである。要するに「信仰は真なる教義を必ずしも要求せず、ただ服従に必要な教義、すなわち心を隣人愛において強化するような教義を要求する」のであって、全教義はここから演繹されねばならない(24)。

「普遍的信仰の教義」の根拠はそこにしかなかったわけだ。振り返ってみよう。

一の「神が存在する」。なぜなら、こうした実有が存在することを知らなかったり信じなかったりすれば、この実有に「服従できない」し、またこれを「審判者として知ることもできない」からである。

二の「神は唯一である」。帰依、賛嘆、愛は「一者が他のすべてのものに勝っているということからのみ生じる」。だからこのことが「絶対に必要である」ことは誰も疑えない。

三の「神は遍在する」。もし「神が一切を見ていると人が知らない」なら、「一切を導く神の正義の公正さを疑う」ことになり、「正義そのものを否定することに」なるだろう。

四の「神は一切を絶対的に支配する」。それは「万人が神に服従せねばなら」ず、この神は他のなんぴとにも服従しないのでなければならぬからである。

五の「神への服従は、もっぱら正義と愛徳すなわち隣人愛の中にのみ存する」。（この項だけスピノザは理由づけをしていない。）

六の「神は服従者を救済し不服従者を捨てる」。じっさい「もしこのことを固く信じなかったら、欲望よりも神に従うことの理由が無くなる」ことになる。

七の「神は悔悟者を許す」。なぜなら、世に罪を犯さない者はない以上、「もしこのことが認められなければ万人は自分の救いに絶望し、神の慈悲を信じる理由がなくなる」からである。

ごらんのように、すべての教義はもっぱら神への服従を可能とする条件として導出されているのが分かる。第五項目だけが何の理由づけも与えられていないのは偶然ではない。というのも、「神への服従は隣人愛の中にのみ存する」というこの命題こそ聖書の語りうる一切を限る限界であって、それ自身のさらなる根拠づけはもはや存在しないからである。

「普遍的信仰の教義」とは何か

こうしてスピノザの「普遍的信仰の教義」の正体が見えてくる。正統教義をめぐる不毛な神学論争を、神学自身がよって立つほかない聖書そのものの文法の顕在化によって自滅的に無効化させること、そして「不敬虔」のあらゆる可能な告発をもっぱらこの文法規則にのみ従わせること。これがねらいであった。敬虔の言語ゲームの中では、告発を正当化するためには教義からの逸脱を、聖書の権威に基づいて指摘しなければならない。そうした逸脱の客観的基準として「普遍的信仰の教義」は提出される。それはだから、教義の内容にかんして読者に説得する（あるいはそのふりをする）ものではなく、当該の敬虔の言語ゲームの中で敬虔であるとみなされるためには信じていなければならぬとされる、その義務付けの最低線を提示するのが目的なのである。スピノザはこの教義を「公教的」(catholica) ないし「普遍的」(universalis) と名付けるのだが[25]、それは、共同体がすでに行っている共通のゲーム規範をそれが再帰的に規定する、という意味なのである。

問題が公の義務付けの範囲限定であるからこそ、この教義は個人の内面でどんなふうに解釈されようと勝手だとスピノザは言う。スピノザは聖書の神の属性について、人々が意見の一致を見ることなど望めないと知っている。ある人には敬虔と見えるものが、他の人には笑うべきものに見える。民衆は神を君主のように思い描き、インテリは哲学的に洗練された思弁で神を考えたがる。それは人間がそれぞれに固有の「性向」をもっているかぎりしかたがない。だからこそ、各人はこうした普遍的教義を、自分にもっとも納得がいくふうに解釈し順応させてかまわないし、またそうする義務がある（スピノザが聖書解釈の権利を各人のために主張するのはこうした意味においてである）[26]。だから、他方でスピノザが、行為レベルで何が敬虔であり何が不敬虔であるかを判定する権利は最高権力にのみ存すると主張しても、そこに矛盾はない。「普遍的信仰の教義」は当人がどんなふうに信じていようが、もしその行為が敬虔であると公に見なされうるなら事実上信じていることになるような、そうした教義であって、だからこそ不敬虔告発の恣意性を排する基準を与えることができるのである。

『神学政治論』の失敗

以上が私の第一の論点であった。第二の点に移ろう。いまや『神学政治論』の失敗について語らねばならない。

スピノザは、自分はこの社会の敬虔の文法を顕在化したまでであって、なんらそれに反することは述べていないと確信していた。自分は「自分の書くすべてのことが祖国の法律、敬虔ならびに善良なる風俗と完全に適合するように」ひたすら努力してきた。「われわれは何か新奇なことを導入しようという意図をもってこれを書いたのでなく、ただ歪められたものを正そうという意図で書いたものであることを読者は信じてほしい[27]」。だが事実は、この訴えはだれにも信用してもらえなかった。冒頭で述べたスキャンダルである。

私は、その理由はこれまで見てきたような『神学政治論』の議論そのものにあると思う。「把握力にあわせて」語るレトリックが通じなかったのでもないし、また「偽装」がばれたということでもない。また、当時の読者たちが悪意でスピノザの誠実をねじまげたわけでもない。著者の意図、あるいは読者の偏見とは別に、議論に内在するロジックそのものが、疑惑を招かずにはいないある構造を作り出してしまっている。

じっさい、スピノザの議論にしたがうかぎり、もし読者が「普遍的信仰の教義」の妥当性を理解することができたなら、その瞬間に、彼はその信仰が「事柄の真理」と無縁であることをもまた知らねばならない。そうした教義の命題は、真理条件を解除された聖書の文法規則によってはじめて決定可能となるわけで、そうである以上「真理の影さえ宿さぬ」ものであってかまわないのだから。つまり読者は、もはや真理とは無関係と分かっていなければならぬことがらを、敬虔のゲームの規則にしたがって信じるよう義務付けられるのである。これは形として、「信じるな」と言いつつ「信じよ」と命じる、一種の〈ダブル・バインド〉にならざるをえない。そして、あらゆるダブル・バインドがそうであるように、「普遍的信仰」をめぐるスピノザの言説は、その真意の決定が不可能になってしまうのである。人がこの教義を「信仰へのすすめ」として読む限り、スキャンダルは起こるべくして起こり、また起こり続けるであろう……。

これが私の第二の論点であった。

別な理由から信じること

当時、聖書に依拠する信仰ないし敬虔の言語ゲームは「真理」について語るゲームであった。正統派であれ、異端であれ、哲学を聖書解釈の原理とするメイエルのようなデカルト左派であれ、あるいはまた聖書の権威に反逆するリベルタンですらも、このことに変わりはない。すべては真理の周りを回っていたのである。そこにスピノザが、ただひとり、真理条件を解除してしまった。その意図は敬虔の言語ゲームを聖書の文法にまで連れ戻そうとする誠実なものであったが、このことは結果的に、ゲームそのものの機能不全をもたらしかねない出来事だったのである。(28)

しかし実際には、スピノザは〈非真理〉を否定するどころか、むしろそれに、ほとんど全幅のといってよいほどの信頼をおいていた。聖書の倫理的な教えは「事柄の真理」に無縁であるとしながら、同時にその「有用性と必要性」を極めて高く評価する。そして自らそうした〈非真理〉を、『エチカ』のような数学的論証ぬきで、理性にかなうものとして「受け入れる」[29]。それは偽装でも「準真理」へのかがみ込みでもない。〈非真理〉がまさに非真理であるという仕方で万人にとって有益に働いている、そういう次元をスピノザは「受け入れる」と言っているのである。それはスピノザの信仰であると言ってもよい。無知がまるで知のごとくに働いている主体なき過程を、そして、およそ異なる動機にもとづく行為が図らずも「敬虔」という点で一致するような行為連関の可能性を、つまりは『エチカ』の神ないし自然の力能を、スピノザは信頼するのである。

とはいえ、『神学政治論』のスピノザがこの〈非真理〉への自らの信頼＝信仰について、必ずしもうまく語りえていないのは認めざるをえない。それは韜晦というより、むしろ「敬虔の文法」にそれ自身の言説的規範を語らせねばならなかった、という問題の側からの制約、およびそれにともなう「真の政治学」の保留[30]という事情によるところが大きい。というのも、そうした〈非真理〉の働いている次元の法則は、〈非真理〉そのものが表象し・語っている事柄の内部にではなく、後に『政治論』のスピノザが「群集の力能」と名付けることになる、まさに表象の外部に求めねばならないからである[31]。

これについては別途に考究しよう。ともあれ、聖書を、おそらく聖書自身が語っているのとは別な理由から信じるなどという前代未聞の信仰が、当時の読者に理解されることはまず無理であった。『神学政治論』は、ヴェルニエールの言葉を借りるなら「不気味な塊[32]」として姿を現すほかなかった。その意味で、同時代の人々がそこに得体の知れぬ哲学の伏在を嗅ぎつけたのは正しかったのである。

第2章 預言の確実性をめぐって――スピノザの預言論

スピノザは用心のため出版地を偽り、匿名出版で『神学政治論』を世に問う。だがそれが引き起こした動揺と憤激は彼の予想を遥かに超えるものであった。ただちに十をトらぬ反駁書が現れ、苦もなく突き止められたスピノザは許しがたい無神論者として断罪されることになる。攻撃がいかにすさまじいものであったか、ある証言はその余韻を次のように伝えている。

バルーフまたはベネディクトゥス・デ・スピノザはその学説の点でもその宗教論の奇異の点でも世間にはなはだ不名誉な評判を得たので、彼の伝記の著者がその書物のはじめに言っているように、彼について、あるいは彼の肩をもって書こうと思うときには、犯罪でも行うかのように、注意深く身を隠し慎重な態度をとらなくてはならない。[1]

何がそれほどまでに許しがたかったのか。

『神学政治論』というタイトル、あるいはその日本語訳[2]に訳者の手で挿入された「聖書の批判と言論の自由」という副題から、迷信的宗教と国家権力との結託を暴く戦闘的な啓蒙を想像する向きもあろう。名高い『エチカ』が自然を神と同一視し、一切の超越的人格神を否定していると知れば、なおさらそう思われるかもしれない。事実、十八世紀を通じてヨーロッパに出回った『三大詐欺師論』(*Traité des Trois Imposteurs*) なる文書があったのだった。[3] これは『エチカ』第一部の付録の迷信批判と、『神学政治論』の預言者論を巧みに引用しながら、リベルタンにおなじみの反逆的なテーマを伝播するのに与った。宗教はすべて政治支配の巧妙な道具であって、三大宗教の創始者たち(モーセ、キリスト、モハメッド)はみな民衆の無知に付け込んで自分を神の使者と思い込ませ支配しようとした詐欺師にすぎない。神学者や聖職者は恐れを利用する政治支配とグルになっている、さあみな眼を覚ませ……。

たしかに『神学政治論』は、奇跡なるものは存在しないと主張し、聖書が教えているのは「事柄の真理」ではなく「素朴な服従」であること、預言者たちは神の認識に関してはまったく無知で、自分の思想と気質を投影したイマジネーションに導かれて預言をなしたこと等を述べている。そして預言者モーセが「神の代理」として古代ヘブライ国家の国法をあたかも神の律法であるかのように民に命じた、ということも。こう聞かされただけで、この著者が啓示宗教を馬鹿にしているにちがいないと人は思うだろう。しかし、当時の読者たちを憤慨させたのは、正確にはその点ではない。

聖書の預言と啓示は迷信である、投げ捨てよ、というのなら話は簡単だったのである。それなら、当時掃いて捨てるほどあったリベルタン的言辞の一つで片が付く。ところが『神学政治論』はあろうことか、預言をある種確実な教えとして受け入れるべきだと明確に主張し、聖書の権威を擁護すると称していた。いわく、たしかに「人々は服従のみによってもまた救われる」という神学の基礎は、「それが真なのか偽なのか、理性によって証明することはできない」。だがそれは少なくとも「心的確実性」(certitudo moralis)を有している。だから「全神学および聖書のこの基礎は、たとえ数学的証明によって示すことはできないにしても、われわれはやはり健全な判断力によってこれを受け入れるのである」(4)。

というのも、数多くの預言者の証言によって裏づけられ、理性においてそれほど優れていない人々にとっては大きな慰めを生み、共和国にとっては少なからぬ利益をもたらし、しかもわれわれがまったく危険も損害もなしに信じることのできる、そうしたことを、たんにそれが数学的に証明不可能だからという理由だけで受け入れようとしないのは未熟な考えだからである。それではまるで、生活を賢明に打ち立てるためにわれわれは疑いの余地の無いことのみを真なるもの（verum）として認める、と言うようなものではないか。あるいはまた、われわれの行動の多くがそれほどひどく不確実で偶然に満ちているわけではない、と言うようなものではないか。(5)

これを読んで、人々はまずは何とも言えぬ当惑を覚え、次いで頭を振ってこう思ったにちがいない。救いの教えが「事柄の真理」（rerum veritas）とはまったく無関係な、無知なイマジネーションの産物だと言っておきながら、それを「真なるもの」（verum）として受け入れよう、とはどういうことか。自分がおそらく信じてもいない啓示宗教を、よくも受け入れるなどと言えたものだ。これは悪い冗談か見え透いた偽装ではないか。

大方の反応はこうしたものであった。同時代人たちは、『神学政治論』の著者に「知的不誠実」を見、それに憤ったのである。たとえば批判者のひとりファン・ブレイエンベルフは言う。預言者の教えは純粋に道徳的であり、それは服従による救いの教えである、というスピノザの主張は冗談にすぎない。一方でスピノザは神は立法者ではないと言い、他方で神の法に服従することに救いがあると言う。これは矛盾だ。スピノザはただ単に、信仰と道徳の基盤を破壊しようとしているだけである、云々。当惑させられたのは威勢のいいリベルタンたちも同然であった。たとえばフランスの場合、姿を現し始めていた理神論者たちでさえ、『神学政治論』が「あまりに大胆かつ穏健」であったためこれを引き合いに出そうとはしなかった。要するに、『神学政治論』は西洋の思想家たちの目に、まるでわけの分からぬ「怪物」のごとくに出現したのである。[6]

われわれにとって問題なのは、憤激の元にある、このようなトラウマ的当惑を引き起こした当のものに他ならない。「無知」な預言者たちの「真理ならざる」教えを「真なるもの」として受け入れるというロジック、これをまともに理解しない限り、われわれとて当時の読者と同じ水準にとどまる。もし『神学政治論』のスピノザを「詐欺師」[7]呼ばわりしたくないなら、このロジックを引き受けるほかない。

預言の非真理性――預言者が語り得なかったこと

あらためて、われわれの問いを定式化してみよう。

スピノザの「神即自然」は啓示宗教の語る神ではない。その哲学者スピノザが、「無知な」預言者の「真理ならざる」啓示の教えを、「心的確実性」において、「真なるもの」として受け入れる、とは、いったいどういうことか？

以下、『神学政治論』の、特に第一章「預言について」、第二章「預言者について」、第七章「聖書解釈について」、および第十五章「神学は理性に仕えず、理性も神学に仕えないことが示される。そしてわれわれが聖書の権威を納得する理由」の諸章をもとに、問題に接近したい。

まずは「無知な」、「真理ならざる」、という部分から検討を始めよう。

預言とは何か。スピノザは文字どおりの意味の定義から始める。預言（啓示）とは「ある事柄に関して神から人々に啓示された確実な認識」のことである。そして預言者とは「神から啓示された事柄について確実な認識を持つことのできない人々、したがってまた啓示された事柄を純然たる信仰によってのみ受容しうるそうした人々に対して、神から啓示されたものを通訳する者」のことである。[8] 問題はその「確実な認識」が何であるかだ。

神から啓示された認識なのだから、当然、神に関する「真理」の認識だと人は思うだろう。十二世紀の偉大なユダヤ哲学者、マイモニデスは、まさにそうした前提に立って聖書を解釈した。彼は『困惑せる者たちのための導き』を著し、「自らの研究の結果、宗教と対立する羽目にいたった思想家たち」、あるいは「哲学を研究して健全な知識を獲得し、宗教的事柄に関して確信しているにもかかわらず、聖書に用いられている曖昧で比喩的な表現のために当惑しまごついている」人々、つまりは理性と信仰の狭間で踏み迷っている人々に道を示そうと試みた(9)。預言者とは、並外れた想像力と完全な知性を兼ね備えた存在である。信仰は夢のごとき幻視において論証なしに直接把握される直観知だが、その直観知の内容は神に関する絶対的に確実な観念である。そうである限り、哲学者もまた理性的推論によって間接的ではあるが預言者の得た知に接近可能である、とマイモニデスは教える(10)。

ところが『神学政治論』は、この種の一見まっとうな調停の試みこそが、聖書をまったく台無しにするのだと批判する。いわく、誰もが不思議なほどの性急さをもって「預言者は人間の知性の達しうることなら何でも知っていた」と思いこんできた。そこで、預言者でも知らなかったことがあると明らかに分かるような聖書の箇所にぶつかると、それを認めまいとして、ここは理解を超えるとするか、さもなくば「聖書の言葉を歪曲して、聖書が全然言っていないことを聖書が言っているようにしようとする」。だがそんなことが許されたなら、聖書の全部が駄目になってしまうのである(11)。実際、「もし聖書は別なふうに考えたのだが、われわれに知られない何らかの理由でそう書くことになったのだ、という想像が許されるとしたら、そのときはもう聖書全体の根本的破壊しかなくなる。なぜなら各人は、聖書のすべての箇所について同じことを同等の権利をもって言うことができるようになり、かくて人間の狡猾さが案出しうるあらゆる不条理、あらゆる悪を、聖書の権威を害することなく弁護したり犯すことができることになるからである[12]」。

ことは重大だ。聖書の存在がかかっている。「預言者たちが事柄の真理を知っての上で結論した」という前提に立つ限り、マイモニデスは預言者がすべての点で一致するとか、彼らは偉大な哲学者や神学者であったというふうに仮定せざるを得ない。ところが現実には聖書の預言者たちは定義も証明もなしにいきなり異言を語り出し、スタイルも預言者によってずいぶん違う。そこで当然、真に彼らの言わんとするところを、証明可能な「事柄の真理」（マイモニデスの場合アリストテレスの哲学）を規準にして確定することになる。が、そうなると、言葉の文字どおりの意味を否定して別な意味に読み替えることは避けられず、結局、預言者自身が考えたこともない思想を預言者に帰することになる。とすれば、いかに善意からであろうと、マイモニデスの方法は聖書の改竄と歪曲以外の何ものでもない。それは聖書の権威の歯止なき濫用へと道を開かずにはいないだろう[13]。

マイモニデスが問題なのではない。スピノザが警告を発しているのは、「哲学的読者諸君」と彼の呼びかける同時代の知識人たちである。迷信じみた神学から一線を画そうとして新しいデカルト的合理主義と伝統的な信仰との狭間でたえず揺れ動きながら、彼らはそれと知らず、マイモニデスの拓いた道を歩む危険があった。たとえば『神学政治論』に先立つ数年前、『聖書の解釈者としての哲学』(*Philosophia S. Scripturae interpres*, 1666)を著した、本書第I部に出てきたあのデカルト主義者ロドウェイク・メイエルを思い出していただきたい。彼は不毛な神学論争を理性で決着させようとして、かえって悪化させてしまった[14]。預言者の曖昧な言葉が隠された真理を語り、われわれはそれを理性でもって分かると言った瞬間に、聖書は哲学的思弁の餌食となってしまう。理性でもって神学に介入すること、それはスピノザが言うように「理性をもって狂ってしまう」ことである。同じ一つの「真理」の名の下に理性と信仰を和解させようとする試みは、ひょっとすると、非合理でも信じると言って「理性なしに狂ってしまう」より、もっとたちが悪いかもしれないのである[15]。

出発点となる大前提が狂っているのだ。そう、預言者が真理を知り、真理を語っているという大前提が。こうした批判の基盤には、スピノザ独特のリアリスティックな見方がある。スピノザは、マイモニデス流の聖書解釈が無視している、あまりに当然な一事を見逃さない。それは、いかなる預言もひとつの言語活動として成立しなければならなかった、という事実である。

考えてもみよ。預言者や使徒たちが語りかけ、あるいは書いた相手は学者ではなく「民衆」(vulgus)であった。預言者の言わんとすることを理解するためには「事柄の原因」

を知っていなければならないとマイモニデスは言うけれども、そんな根拠を普通一般の民衆がおいそれと把握できるはずはない。にもかかわらず、たしかに往時のユダヤ人や異教徒の民衆は「預言者や使徒の言語を解し、また預言者たちの言わんとすることを把握した」。預言者の言葉は通じたのである。もしそうでなかったなら、どうして預言者の語りが預言として成立し、伝承が成立し得ただろう。逆に、もし預言者がマイモニデスの言うような存在だったとしたら、預言が預言として聞かれ、言表行為として成立するために、「事柄の諸原因を理解して預言者たちの言わんとすることを把握する民衆」が居合わせていなければならなかったはずだ。だがそんな民衆の存在を、マイモニデスはまったく示してはいない。そんなものは存在しないし、もし存在していたなら預言者の啓示など不要だっただろう。(16)

そして今日の民衆について言えば、いま示したように、救いに必要な一切はたとえその根拠が知られなくても、きわめて平凡でありふれているためにどんな言語ででも容易に把握されることができる。民衆が平安を得るのはまさにそのような把握においてであって、聖書解釈者がしてみせる証拠立てにおいてではない。(17)

こうしてスピノザは、預言者が「真理」を知り「真理」を語っているという聖書解釈の大前提をごっそり取り除け、当時誰も考えつかなかった転倒を敢行する。預言者の無知、預言の非真理性を認めることによって、かえって預言者と預言の真実を回復する、という転倒である。預言者たちは多くの事柄に関して「その敬虔を損なうことなしに無知であり得たし、事実、無知であった」。実際「預言者たちが賞賛され高く評価されるのはその敬虔と節操のゆえであって、知能が高いとか卓越しているとかいうことのゆえではない」[18]。転倒が何を行っているかはもはや明らかだろう。預言をその真理条件から切り離し、ある種の集団的言語実践における言表可能性の条件のもとに置き直すこと、これである。

預言の確実性──預言者が語り得たこと

それゆえ預言は真理を述べてはいない。にもかかわらず預言はある種の「確実性」を含んでいるとスピノザは言う。その、真理ならざるものの確実性とは何か。これが次の問題である。

自分の得た啓示を確信するために、預言者たちは必ずと言ってよいほど神からの「しるし」(signum)を求めた。このことは、預言者たちの得た認識が哲学的理性で捉えられるような「思弁的事柄」にかかわるものではない証拠である、とスピノザは指摘する。なぜなら、もしそうだったとしたら、（ちょうど『エチカ』の幾何学的論証が「神」の何たるかを証明するように）彼らは「数学的確実性（数学的確信）」を経験していたことになる。それなら、わざわざ自分の外に「しるし」を求める必要はなかったはずだ。「しるし」を求めたということはむしろ、預言者の得た認識が彼らの異常に昂進したイマジネーションの産物であったことを物語る。たんにそれだけでは何の確実性も含まないという特徴は、まさにイマジネーションの本性に合致する。だからこそ外部の「しるし」が必要だったのだと考えれば合点がいく[19]。とすれば、彼らの啓示の経験が一見不合理なさまざまな異象に彩られていても驚くことはない。イザヤは着物を着て王座に座っている者として神を見、エゼキエルは火のごときものとして神を見る。が、そんな違いはどうでもよい。「疑いもなく、二人とも普段から神を思い浮かべるふうに神を見ている」だけなのである[20]。「しるし」や啓示の現れ方は預言者によって千差万別であるが、それも当然である。預言者はみなそれぞれ違った気質、違った思想を持っていた以上、それに応じてイマジネーションが働いても不思議ではないのだから[21]。

　ならば、預言や啓示はすこぶる疑わしいものにすぎないのだろうか。そうではない、「かなりの確実性があった」とスピノザは言う。活発なイマジネーションのなかで預言者たちは、しばしば自分自身でもよく分からない何かを見聞きし、それが神からの啓示であったことを「しるし」によってようやく確信する。しかしどうして、岩の間から燃え上がる火だとか、予示された事柄の実現だとかいったそれ自体はほとんど幻のような事象が、あれはたしかに啓示だったという彼らの確信を裏付ける「しるし」となり得たのか？　いくら「しるし」の方ばかり調べても、そのことは分からない。スピノザはわれわれの注意を促す。預言者たちは皆、「公正と善のみに傾く心」を自分は持っていると自覚していた。しかるに、神は「敬虔な者・選ばれた者を決して欺くことがない」とされていたし、「敬虔な者をいわば自分の愛の道具として用いる」とされていた。ということはつまり、預言者たちは愛と正義を薦める自らの倫理的信条においてのみ何かを確信し得たのであって、それなしには「しるし」が確信の裏付けとなることもなかったということである。誰もが知るように、なんぴとも神の前で自分を正しき者と主張はできない。だからこそ預言者が啓示について得た確信は、自分の側で証明できる確実性ではなく、彼にとって外的な「しるし」に裏付けられた「心的確実性（心的確信）」にとどまったのだと。(22)「預言的確実性」の何たるかは、超自然的な光明などなくても、こうして聖書の記述そのものから導き出せる。それはたんなる預言者の主観的で恣意的な信憑ではない。かといって、内容の真理性を客観的に証明できるような「数学的確信」でもない。預言者たちは自らの倫理性だけを担保に、それを絶対的に他なるものの審級に委ねるようにして確実性を得たのである。したがって彼らが確信できたのは、まさにそうした他なるものとの関係における倫理的な正しさに関するメッセージ以外のものではありえない。すなわち、神は正義と愛の神であり、これにならって自らも正義と愛の実践を為す者は救われるに値するという、それ自体としては証明不可能な、倫理的正しさの信念についての確信＝確実性である(23)。

そうした確信についてのみ、預言者は語り得た。そして民衆に通じたのも、そうした確信についてのみであった。「聖書は民衆の把握力にあわせて語っている」という理論は当時すでに珍しくはない。スピノザが斬新なのは、それを預言が成立するための言表可能性の条件に結びつけて考えている点である。預言者は「民衆の把握力にあわせて語っている」とスピノザも言う。だがそれは、従来の順応理論が想定していたように、啓示された「真理」を、教育的配慮からそのままでなく次元を下げて語る、という意味ではない。なぜなら、啓示そのものが「預言者の把握力にあわせて」与えられた、とスピノザは言っているからである(24)。そこにおよそ預言者が語りうることを限定する、ひとつの集団的な言語的実践の場が想定されていることに間違いはあるまい。それをかりに、敬虔と不敬虔の識別をこととする〈敬虔の言語ゲーム〉と呼ぶなら、預言者が確信し得たのは、この言語ゲームにおいてそれ自体はなんらの証明も抜きに、誰もあえて否定することなく循環しているような、ある倫理的根本命題の正しさであったはずだ。おそらくそうであるからこそ、スピノザはこう言うことができた。

ゆえに聖書の権威を数学的証明によって示そうと努める者はまったく誤っている。というのも、聖書の権威は預言者たちの権威に依存し、したがって聖書の権威は預言者たちがかつて自分の権威を民衆に納得させるのに用いるのを常とした論拠より強い論拠で証明されることはあり得ないのだから。しかり、聖書の権威に関するわれわれの確信は、預言者たちが自分の確信と権威の基としたその根拠以外の何ものの上にも基礎づけることはできないのである。[25]

とすれば、スピノザが問題にしている「心的確実性（心的確信）」は、デカルトが言うそれとは趣が違ってくる。[26] デカルトの場合は、たとえば私が身体を持っているとか、星や地球がある、というような、絶対的に確実なわけではないが実生活上は疑う必要がないものについて言われる確実性にすぎない。そうした事柄はしかし、『省察』がやってみせたように証明しようと思えばできる。だが、『神学政治論』の言う「心的確実性」が関わっているのは、その気になれば証明できるという事柄ではない。いや、われわれが見てきたように、まさにその言表可能性からして、証明可能であってはならないような事柄なのである。

またそれは、神に服従すれば救われる可能性がどれほどあるか、といった「蓋然性」の問題でもない。蓋然性は、スピノザ自身が研究に手を染めていたように、原理的には証明可能な確率の問題なのだから。したがってスピノザの「心的確実性」は、あのパスカルの「賭」の弁証法とは何の関係もない。

スピノザの場合に問題となっているもの、それは、聖書の民の〈敬虔の言語ゲーム〉において証明ぬきに循環している倫理的命題の、ある種の力なのである。

預言の「真なるもの」――〈言われていること〉と〈言う〉こと

そのような「心的確実性」において預言を「受け入れる」とスピノザは言う。真理でないものを「真なるもの」として受け入れる――この奇妙なロジックはスピノザ研究者たちを悩ませてきた。

ある論者たちは、スピノザは本心でそう言っているのではないと結論する。その代表格が前にも言及したレオ・シュトラウスである。スピノザは、救済には神への服従で十分であるとする聖書の教えを受け入れ、超理性的な真理を認めるようなことを言う。にもかかわらず一方で、預言者は無知でたんなるイマジネーションでしかものを知らないと言って、そうした超理性的な認識の可能性を否定する。これは明らかに矛盾だ。そういう矛盾は意図的に仕組まれたものとしか思われない。つまりスピノザは一般のキリスト教徒たちに対して偽装しながら、本当はこの矛盾そのものによって少数の哲学的読者におのれの無神論を「秘教的」な仕方で伝えようとしているのだ、というのである(27)。

こうした「偽装された無神論」という見方はスピノザの時代からあったし、今も根強い。シュトラウスのスピノザ論は伝統的信仰の擁護を意図していたが、それと反対に、急進的な宗教批判のお手本として『神学政治論』を読む論者たちにもその議論は好都合にできていた。たとえば、アンドレ・トゼルのうちに、われわれはシュトラウス的な読みの啓蒙主義版がたどる道筋の典型を見ることができる。まず、『エチカ』を根拠に宗教が迷信と等置され、『神学政治論』の迷信批判・奇蹟批判・預言批判の部分が理性による宗教批判と同定される（われわれはそこに、あの『三大詐欺師論』の亡霊を見ないだろうか）。すると当然ながら、『神学政治論』の宗教に肯定的な部分（聖書の道徳教説）が、この迷信＝宗教批判と矛盾するように見える。そこでこの困難を解決するために、それは実は意図され仕組まれた矛盾である、というシュトラウス的な「秘教的戦略」の仮説が呼び出される……という次第(28)。この種の解釈系譜をたどればきりがない。シュトラウス的解釈をめぐる論争を整理しながら、少なからぬ論者が偽装説に軍配を上げる[29]。その際、シュトラウスの描き出す「策略」というイメージをやわらげるために、偽装は一般読者にショックを与えないための配慮であって欺瞞ではなかったという修正がつけ加えられるのが常だが、策略であろうと配慮であろうと、スピノザが本心で語っていないという大筋に変わりはない。この種の解釈で困るのは、隠された「スピノザの本心」をどうにでも憶測できてしまう点である。

これに対して、あくまでスピノザの知的誠実に賭けようとすると、相当な無理を強いられる。たとえばスピノザ政治論の研究に新境地を拓いたアレクサンドル・マトゥロン。彼は、「無知なる者の救い」の可能性をスピノザは真剣に考えていると主張する。その「救い」は、もし嘘でなければ『エチカ』の知的な「直観知」による本当の救いでなければならない。ではその可能性の条件とは何か。マトゥロンの解答はいささか奇異なものだ。その条件は輪廻転生の仮説だと言うのである。いわく、スピノザ哲学にとって身体本質が永遠である限り、こうした仮定は不条理とは言えない。他方、国家社会は時代時代の哲学者の貢献等によってしだいに完全なものになっていくという可能性も、やはり否定できない。とすれば、たとえ今回は真ならざる神への服従の段階にとどまって死ぬ無知なる者でも、再生は一回限りとは限定できない以上、いつかより完全な社会に再生し、哲学者になって知的救いに到達するチャンスは十分にある。もちろんスピノザはこうした未来を証明はできないが、未来予知はスピノザの哲学にとって不可能なものではない。人間は神の決定連鎖を非十全にではあるが表象知として予感することはできる。本当の預言者たちは誠実を疑いえないのだから、彼らがそうした予感を語ったとしても不思議ではない。それゆえ「心的確実性」においてかかる救いの可能性を受け入れることは理にかなっている、というわけだ。[30]

輪廻転生仮説なるものの典拠が、「スピノザはある種ピタゴラス風の輪廻転生を信じている」というチルンハウスの、それもライプニッツによって記録された談話以外に何もないという点も、たしかに問題である。だが、それよりも致命的なのは、マトゥロンが「預言的確実性」を、預言された事態の実現される可能性、つまり蓋然性に引きつけて解釈しようとしていることだ。

ここで両方の解釈を考えてみよう。スピノザが「預言的確実性」ということで言いたかったのは、はたして「無知なる者の救い」の実現可能性のことなのだろうか？　シュトラウスはそんな可能性をスピノザ哲学が許容するはずがないと考え、マトゥロンは、いやその可能性はスピノザ哲学と論理的には両立する、と主張する。しかしこうした立論はいずれも、スピノザが預言を受け入れる理由を、〈言われていること〉が本当かどうかという啓示の内容的真理性に関わるものと前提している。そう前提してしまえば、証明不可能な

「真なるもの」は単なる言葉の嘘になるか（シュトラウス）、あるいは未来の予見不可能性ゆえに絶対的な証明を免れているだけの蓋然的真理になるか（マトゥロン）、そのいずれかしかない。だが預言の「真なるもの」は「言われている事柄自体の真理」でないこと、これこそ『神学政治論』がまさに示そうとしていたことではなかったか。いわく、預言のこの基礎的教義は「自然的光明［つまり理性］によっては探求不可能」である。だからこそ「大いに啓示が必要だったのだ」と。[31]

スピノザは、証明不可能な教義を受け入れるとスピノザが言うのは、それゆえ、〈言われていること〉の真理性ではない。とすれば何か。われわれはすでにそのヒントを考察から得ている。それは集団的な言語実践態における、〈言う〉ことの正しさである。

スピノザは、証明不可能な教義を受け入れるのは「盲目的で理性を欠く」行為ではないかという疑問に答えて、こう言っている。たしかに証明不可能である。だがそれにもかかわらず、「われわれは啓示されたこの基礎をいま、少なくとも心的確信において受け入れるために、自分自身の判断力を用いることはできる」。[32] いかなる判断か。

それは預言の倫理的な正しさに関して預言者たちの得た、その確信についての、われわれの側からする判断である。預言者たちは「愛と正義とを何ものにもまして薦め、これ以外の何も意図していないことをわれわれは見ている」。そこから「彼らは人々が服従と信仰とによって幸せになるということを、欺瞞によってではなく、本心から教えたのだとわれわれは結論する」。それに彼らは「そうした教えをしるしによって確信した以上、ただわけもなしにそんなことを言ったのではないし、預言しているときに気が狂っていたわけでもないとわれわれは納得する」。要するに、かく〈言う〉ことが倫理的に正しいと預言者自らが確信せざるを得なかった、その同じ正しさを、同じ確信の程度において受け入れるとスピノザは言っているのである。[33] 実際、その正しさは、〈敬虔の言語ゲーム〉における集団的な使用そのものによって、あらゆる改竄に抗する力を持ってきた。あらためて引用する。

聖書そのものからわれわれは、何の困難も曖昧さもなしにその主要教義を把握できる。すなわち、神を何ものにもまして愛し、隣人を自己自身のごとく愛するということ、これである。そしてこれは改竄の結果でもありえないし、また性急な・誤りがちな筆の所産でもありえない。じっさいもし、聖書がひとたびこれと違ったことを教えたとしたら、他のすべての事柄も必ず違ったふうに教えていたはずである。なぜなら、これこそ宗教全体の基礎であり、これを取り去れば全機構が一瞬にして崩壊するからである。だからこれを教えぬ聖書があるとすれば、それはわれわれがここで語っている聖書とは同一のものでなくて全く別な書なのである。ゆえに、聖書が常にこのことを教えたこと、したがってまたここには意味を変質させうるようないかなる誤謬も忍び込まなかったこと——そうした誤謬が入り込めば誰からもすぐ気づかれたであろうから——、さらにまたなんぴともこの教えを曲げることができなかったこと——そうした悪意図はたちどころに人々の眼に明らかになったであろうから——、そうしたことが揺るがぬものとして残る。(34)

「神を何ものにもまして愛し、隣人を自己自身のごとく愛する」。かく〈言う〉ことの抗しがたい正しさ。伝承と解釈・編纂の長い歴史のなかで、その集団的使用が意味の改竄を許さなかった〈言う〉ことの正しさ。まさにその正しさを「真なるもの」として「健全な判断によって受け入れる」。これがスピノザ預言論のロジックに他ならない。

預言と哲学者

それゆえ、預言者たちの〈言う〉ことの正しさについて、スピノザは心から受け入れる。理性なしに盲目的にそうするのではない。スピノザは哲学者として、その正しさ、すなわち正義と愛を薦める正しさが理性にかなっていることを知っている。「彼らが教えた道徳的事柄で理性にまったく一致しないようなものは何もない」[35]。たしかに『エチカ』の賢者も、自らの「真の倫理学」[36]に基づいて同じ正しさを、今度は「数学的確信」でもって把握するだろう。しかしだからといって、哲学者の理性的確信が預言の正しさを証明したり、根拠づけたりするのではないし、またそうすべきではない。その根拠や証明は、預言者の預言的確実性を支えているものとは別だからである。スピノザの言う「一致」は、われわれがかつて別の機会に論じたように、預言と哲学的理性という互いに見知らぬ者どうしの遭遇、妥協も照応関係もない外的な一致にすぎない[37]。

〈言われていること〉については、スピノザは哲学者として、それは事柄として誤った観念を含んでいると言うこともできたかもしれない。実際、「正義者・慈悲者」といった神のイメージは人間的な属性であらわされているが、もし事柄の真理として神を捉えようとするなら、そういう属性は「神の本性からはまったく除去されるべき」であるとスピノザは言っている[38]。しかしこの認識上の欠陥は、〈言う〉ことの倫理的正しさをいささかも損なわない。それゆえ、この点を捉えて預言を否定することは哲学のすることではないし、またそうすべきでもない。そもそも預言は「事柄の真理」を述べている言表ではない以上、〈言われていること〉の真偽を哲学が云々するのはまったく無意味なのである。

またスピノザは、こうした〈言う〉ことがいかにして改竄や消滅に抗して聖書的伝統のなかで存続し得たか、その〈不可改竄性〉のメカニズムを「群集の力能」で説明することもできたかもしれない。そして敬虔の教えがいかにして律法のかたちでヘブライ国家を統御し、また彼自身の共和国でも「少なからぬ利益をもたらす[39]」か、その合理的根拠を示すこともできたかもしれない[40]。しかしそうしたことは、事柄の真理に基づく「真の政治学[41]」が言うことであって、預言者の確信のあずかり知らぬところである。

こうして哲学者は、啓示が語る救いの真偽については一切口を出さず、しかも「心的確実性」においてそれを「真なるもの」として受け入れる。それは、多くの論者たちが想像したような用心や策略からではないし、またキリスト教的ヒューマニズムからでもない。「真なるもの」を根拠付けなしに循環させる「群集」の言語的実践の実定性が〈言い換えればスピノザの絶対的な自然としての神の力能が〉、そうするよう命じ、義務づけるのである。このような受諾によって、哲学者は自らの真理への愛を放棄しないで〈敬虔の言語ゲーム〉のなかに身を置き入れるだろう。そこは理性の教えと預言者の教えが、〈言う〉こと〈愛と正義をなせ〉の正しさにおいて一致する場、〈言う〉ことの「真なるもの」が証明ぬきで一致し続ける場である。

スピノザに関する伝記的資料のひとつは、こうした哲学者の一面を伝えている。いま一度引用しておこう。

家の主婦にかつて、彼女が自分の宗教にそのまま留まっていても、救われると思うかと尋ねられたとき、彼はこう答えた。「あなたの宗教は立派です。あなたは静かに信心深い生活に専念なさりさえすれば、救われるために何もほかの宗教を求めるには及びません(42)」。

第3章 教えの平凡さをめぐって——スピノザの共有信念論

にもかかわらず『神学政治論』は、敬神を装いながら秘かに無神論を説く冒瀆的書物だと騒がれたのである。それもわからないではない。あらためて引用しよう。

救いに必要な一切はたとえその根拠が知られなくても、きわめて平凡でありふれているためにどんな言語ででも容易に把握されうる。(1)

実際、——とスピノザは言う——真の敬虔に関する聖書の教えは「きわめて平凡かつ単純な、容易に理解できる教え」であって、それゆえ「きわめてありふれた言葉」で表現されている。だからこそ、どんなに無知な民衆でも預言者の言うことを理解したのだし、預言者も粗野で無知であってかまわなかった。だから聖書の主要教義の識別には何の困難もない。すなわち「神を何ものにもまして愛し、隣人を自己自身のごとく愛するということ」、つまりは「正義と隣人愛」という、ごくありふれた道徳的教えにそれは尽きる。謎めいたその他の晦渋な箇所は、聖書の神聖性にとってどうでもよいのであると。[2]

「きわめて平凡な」(adeo communia)「きわめてありふれた」(usitatissima)というスピノザの言辞は、聖句の彼方に深遠な奥義を見ようとする人々の神経を逆撫でせずにはいまい。人は言うだろう。彼は聖書が何もわかってはいない。聖句の湛える謎めいた意味の過剰をこの男は何も知ろうとせず、啓示を単なる道徳にまで格下げして平気なのだ……。[3] このような、たとえばエマニュエル・レヴィナスのような人からの批判が正しいなら、スピノザは聖書の権威を「単におざなりにのみ云々している」だけであるというかの時代の告発も、また裏書きされることだろう。[4] だがそうだろうか。

むしろスピノザは、「ありふれたものの神秘」とでも言うべきものへの誠実な感受性をもっていたように私には思われる。そのことはたとえ上のような人々の怒りを鎮めないにしても、彼が聖書の権威について単におざなりにのみ云々しているわけでないことは証し立ててくれるだろう。

「きわめて平凡でありふれたもの」。スピノザはそれについて主題的に論じているわけではない。だが『神学政治論』の議論の理論的前提が必ずしもエクスプリシットでないことを鑑みるなら、「ありふれたもの」の中にスピノザが何を見ていたか、われわれの側で再構築してみるのも無駄ではあるまい。

信念の共有という問題

奇蹟物語と並んで聖書の主要部分を構成する預言について、『神学政治論』の聖書解釈は鮮やかな対照を描き出してみせる。すなわち、預言者たちは「唯一かつ全能の神が存在すること、この神のみが崇拝されねばならぬこと、この神は万人を配慮し、かつ、神を崇拝し隣人を自分自身のように愛する人々を他にまさって評価すること」等々を教えているという点で疑いなく一致しているが、では「神とは何か、神はいかなるふうに万物を見、万物のために配慮するのか」といった形而上学的で思弁的な事柄になるとまるで一致していない、という事実である。(5) それはどういうことか？ 預言者たちは神と世界に関する「事柄の真理」は何も知らないが、その一方で、神への服従と愛の教えに関しては誰ひとり過つことがなかったということだ。

時代も社会的背景も異なり、気質も思想傾向も異なる預言者たちが、にもかかわらず、神への服従は正義と愛の実践にありとする道徳的教えにおいて全員一致しているということ、それも、一致の理性的根拠を知らずして一致し得たということ、これは彼らひとりひとりの何か特別な能力のゆえにではない。そこには彼らを越えて彼らの預言的語りを制約する何かがある。預言者たちがその並外れたイマジネーションでもって曝されているのはまさにそうした外の何かであって、だからこそ彼らは、自分たちが妄想を語っているのではないという「しるし」を（たとえ実は幻影であっても）絶対的な他者からのようにして与えられる必要があったし、民衆もまたそのことを、彼らが真の預言者である証として要求した。[6] スピノザがこうした外なる力を想定していたことは間違いない。預言者たちはそれぞれに、自分の「公正と善のみに傾く心」を担保として神から「しるし」を受け、預言を「心的確信（心的確実性）」（certitudo moralis）において語った。それを聞く民衆もまた、その正しさを同様の確実性をもって受け取った。[7] 前章で見たように、この、いわば聖書の不変項をなす信念の共有こそが問題であって、スピノザはそれを信念内容そのものの真理性とは別な次元で考えようとしているのである。

こうした信念の共有は往時の聖書の民だけのものではない。「われわれもまた」同じ信念を共有しているし、そのことを認めるべきだとスピノザは言う。「預言者たちのうちにある神の言葉がわれわれのうちに囁かれてある神の言葉とまったく一致するということは単なるまぐれではない」。そのうえ、聖書はあの「神を何ものにもまして愛し、隣人を自己自身のごとく愛せ」という道徳的教えに関する限りかくも長いあいだ編纂や解釈による改竄を寄せ付けず、その部分だけはまるで硬い核のように「まったく損なわれずに」今日に伝承され得た。それゆえわれわれもまた往時の聖書の民と同様の「心的確実性」においてこの正義と愛の教えを受け入れるのである、と[8]。

こうして『神学政治論』は信念の共有という岩盤の存在を洗い出してくる。いにしえの預言者、往時の民衆、聖書の編纂と伝承を担った人々、そして同時代的「われわれ」にまでわたる、信念共有の硬い地盤。「ありふれたもの」が位置づけられるのはおそらくそこにであろう。だが、それはいかなる信念の共有なのか。それを存続させているのはいったい何なのか。またそれは『神学政治論』にとってどういう意味を持っていたのか。これが本章の問いである。

いかなる信念のいかなる共有か

さて、それはいかなる信念の共有か。

まず、言うまでもなく、論証可能な理性的根拠にもとづく信念ではない。そのことは預言者たちが外的な「しるし」を求めたという事実から明らかだとスピノザは考える。実際、もし理性的根拠によって論証可能な「数学的確実性」（certitudo mathematica）を有していたなら、預言者たちは自分自身が確実性を得るために「しるし」を外に求めるはずはなかったたろう。[9]預言の持つ確実性が「事柄そのものの真理」に伴う確実性と無縁であるとスピノザが断じるのは、そのためである。それに、預言者が語りかけた相手は学者ではない。普通一般の民衆である。実際「事柄そのものの原因を理解する民衆」を想定することほど非現実的なことがあろうか。[10]したがって、問題となっている共有信念は理性的根拠にもとづいて受け入れられた信念ではない。言い換えれば、神がどのような存在で、どのように世界を導き、どういう仕方で敬虔に報いるのか、といった説明にもとづく信念ではない。そういう説明を聖書に求めるところから、昨今のきりのない神学論争が生じるのだとスピノザは見ていた。そもそも預言者の表象している神は擬人的な神であって、理性的認識という点から見れば明らかに虚偽である。彼らが教えてもいない事柄を前提に何を重ねようと真理は生まれない。

共有されているのが真理認識でないとしたら、では何なのか。前章で見たように、それは「正義と愛をなせ」と〈言う〉ことそのもののもつ抗しがたい正しさへの信念である。預言者たちが確信し得たのはかく〈言う〉ことの、その正しさであったし、彼らが民衆に説得し得たのもこの正しさ以外のものではなかった。しかし、だからといってこのことは「公正と善のみに傾く心」の共有を意味するわけではない。そういう心情は預言者のような「敬虔な者・選ばれた者」にまれに見られる資質であって、一般人の共有するところではない。「ユダヤ人たると異邦人たるとを問わずすべての人々は皆同じであり、徳というものはいつの時代においてもきわめて稀であった」[11]。言い換えるなら、聖書の道徳的教えを改竄から守ってきたのは、人々の敬虔な心と徳ある実践ではない[12]。いや、事実は反対であるとスピノザは示唆する。

人間は考えられる限りのどんな忌まわしい非行でも敢えてするものであるとはいえ、誰も自分の非行を弁護するために法を削除しようと考えたり、あるいは何か不敬虔な事柄を救いに役立つ永遠の教えとして導入しようと考えたりはしない。実際われわれは人間本性が次のように出来ていることを見知っている。すなわち各人（王であれ、臣民であれ）は、何か恥ずべきことをしてしまった場合、正義や良俗に反するようなことは何もしなかったと信じられようとして、自分のしたことをさまざまな事情によって美化しようと努力するものなのである[13]。

「公正と善のみに傾く心」において大部分の人間は預言者に遠く及ばないが、そのことは正しさの信念共有をいささかも妨げない。いやむしろ、正しさの信念は、必ずしも正しい心を持つわけでない人間たちの、正しからざる行為に関する自己弁明の言語ゲームにひとつの歯車として組み込まれており、まさにそういう仕方で共有され・維持されている。そしてそれは「人間本性」がそのように出来ているからだとスピノザは考えているのである。

こうしてひとつのことが明らかになってくる。スピノザは信念の共有を、信念内容の真理性の次元からも思想信条の次元からも切り離された、別な第三の次元で捉えているということ、これである。そこでは「何にもまして神を愛し隣人を自分自身のように愛せ」と互いの間で言われることの正しさは誰でも知っているし、誰もが疑わない（と誰もが思っている）。だがなぜ正しいのかという根拠は誰も意見が一致するような仕方では知らないし、自分が真剣に思想信条としてその正しさを擁護しようとも必ずしも思っていない。にもかかわらず、誰もその正しさを真っ向から否定することなど思いもつかず、むしろ否定するよりは、事実を曲げてでもその正しさに服して弁明しようとする……。およそそうした信念の共有様態を考えるよう、『神学政治論』のテクストはわれわれに要請するのである。

認識の理論から見た信念

スピノザはどのようにこの信念共有を考えていたのだろうか。そもそも人間が何かの信念を持つということについて、スピノザはどのような理論を持っていたのだろうか。「数学的確実性（数学的確信）」とスピノザの呼ぶ信念はさしあたり問題ではない。問題なのは、絶対的な確実性＝確信を欠き、また事柄の真理との関係で言うならおそらく虚偽でさえあるのに、それでも人が疑ってもみないようなたぐいの信念である。『神学政治論』はそうした理論的立場を前提にしているが、理論そのものを提示はしない。それがあるとすれば、当時すでに基礎的部分が出来上がっていた『エチカ』に求める必要がある。実際、第二部の表象作用、イマギナチオ[14]に関する理論で、スピノザはまさにいま問題としているような信念について語っているのである。

人間が偽なる観念に安んじて少しもそれについて疑わないとわれわれが言う場合、それは彼がそれについて確実性を得ているというのではなくて、単にそれについて疑わないというだけのこと、あるいは彼の表象作用を動揺させる原因が少しも存在しないがゆえに彼はその偽なる観念に安んじているというだけのことである[15]。

どういうことか。スピノザはフロイトを思わせる筆致でこう説明している。

このことを明瞭に理解するために、ここで、馬[16]を表象してそのほかの何ものも知覚しない一人の幼児を考えてみよう。この表象作用は馬の存在を含んでいるし（この部の定理十七の系により)、また幼児は馬の存在を排除する何ものも知覚しないのだから、彼は必然的にその馬を現前するものとして観想するだろう。そして彼はその馬の存在について確実性を得ているわけではないにもかかわらず、その存在について疑うことができないだろう。(17)

馬を表象するだけで馬の存在から逃れられなくなっている子供。知覚と白昼夢のあいだに本質的な違いを見ないこうしたスピノザの表象理論は独特なものである。実際スピノザはわれわれの知覚経験を、そこから出ていくことのできない「眼を開けてみる夢」として考えている。「太陽が約二〇〇フィート離れているところに見える」という信念を考えてみよう。いま、天文学的に太陽は地球の直径の六〇〇倍以上も離れているとわかったとして、それで太陽が違うところに見え始めるだろうか。見えはしない。同様に、人間は諸原因によって行為へと決定されているのだと理解しても、だからといって自分は自由にこんなふうにしているという感じが消失するわけではない。理論的な認識で知覚的信念が「消失する」ことはないのである。スピノザによれば、それはそうした信念が認識として正しいからではない。そうではなく、これらの表象作用が、実はわれわれの身体の変状のされ方について神の無限知性の中で生じている認識作用の現実的な一部分であり、われわれに関する限りは非十全な知覚であっても、それ自体としては無限知性の真なる部分を占めているからである[18]。したがって、こう言わねばならない。

表象作用は、真である限りでの真なるものの現前によって消失するのではなく、むしろ、われわれの表象する事柄の現前的存在を排除するより強力な他の表象作用が現れることによって消失するのである[19]。

個々の知覚はすでに信念である。ただ、それが信念であるのは、そんなふうに見させている表象作用を物理的に除去するであろう別な身体変状がまだ生じないという、ただその理由によるのだ。たとえば、もしわれわれが病気などで太陽から違うふうに触発される身体を持つようになったら、太陽は違うところに見えるかもしれない。それはそれでひとつの直接的な知覚的信念なのである。

これだけなら、刹那的な知覚的現前をただひたすら「かくあり」と肯定しつづけるというだけで、まだわれわれの知覚とは言いがたい。信念は持続するから信念であって、このような各瞬間に貼り付いた肯定はまだ信念の名に値しない。知覚が持続的な厚みと広がりをもった現実の知覚になるには「記憶」が存在しなければならない。スピノザは「記憶」

についてこんな仮説を立てている。

身体の内部には柔らかい部分があって、外部物体からの刺激を伝達する流動的な部分がそこに突き当たるとある種の痕跡がそこに残される。あとで何らかの理由で体内の流動的な部分がその痕跡に再び遭遇するなら、われわれの精神は、かつての外部物体を思い浮かべるだろう。われわれはそのつどの身体の触発のされ方によってしかじかの意識を持つからである。さて、いま二つの外部物体が同時に身体を触発したと仮定しよう。すると身体の内部には二つの痕跡が連接して登録されるだろう。この一方の痕跡に流動的な部分が突き当たれば、精神は先の物体を表象するや否や、痕跡の連結に沿ってただちにもう一方の物体も表象するだろう。これが「記憶」である。すなわちそれは「人間身体の外部にあるものの本性を含む観念のある連結」であって、「この連結は精神の中に、人間身体の変状の秩序および連結に相応して起こる」のである[20]。

「記憶」(memoria)という言葉から、つい過去を思い出すことと思いがちだが、スピノザはむしろ、外界からの刺激をそのつど文脈的な厚みをもった現実的な知覚に変換する作用のことを言っているのである。彼のあげる例はそのことをよく示している。たとえば、"POMUM"(果物)という音声は実際の果物といかなる必然的関係もないのに、痕跡の同時登録のおかげで、ローマ人はこの語を耳にするやただちに果物を思い浮かべる。同様に、地面にひづめの跡を発見するとき、歩兵はただちにそう遠くはない騎兵の存在に身構える。彼が農夫であったならひづめの跡から馬を、そして馬から鋤や畑のことを瞬時に思っていたかもしれない。[21] こうした例が示すように、過去の想起が問題なのではない。[22] "POMUM" という音声を聞いて、かつて示された果物を思い出すのではなく、その音声がただちに〈果物〉という意味として知覚される。ひづめの跡はただちに〈近辺に騎兵がいる〉という意味として風景の中に現れる、と言っているのである。「記憶」のメカニズムはしたがって、こうなる。われわれの身体が何かに出会うと、それは身体を触発して表象作用のある特定の連結にキューを与える。するとただちに、この表象作用の連結が今の刺激を照合し、しかじかの意味として同定する。そうやって外部からの刺激はしかじかの意味するもの＝シニフィアンとなり、ちょうど地から図が立ち上がるようにそこに知覚される。しかも知覚する当人は、自分がそうした照合の結果ものをそこに知覚しているのだということに気づいていない。この意識されざる照合作用がスピノザの言う「記憶」であり、その意味で知覚はすでに記憶なのである。

連結した痕跡の登録が増えていくにつれて、「記憶」はいつでも呼び出されうる表象作用の潜在的なネットワークを形成する。知覚はどれも、こうしたネットワークの中のどれかの連結によって重層的に照合されて成立しており、どれもがそれぞれに、すでに判断なのだ。自由であると信じられている「精神の決意」は実のところ「表象作用そのものあるいは記憶そのものと区別されない」。それは「観念が観念である限りにおいて必然的に含む肯定」に他ならないのである[23]。

ところが表象作用の連鎖は表象された事物の本性を説明する知的な観念の連鎖ではないので、確実性を得させはしないし、ネットワークはいわば実用的なブリコラージュのようなもので、全体として一貫しているわけでもない。そこで照合がコンフリクトすることもざらに起こることになる。これが「疑惑」だとスピノザは説明する。たとえば幼児が夕方の散歩に連れられていつもシモンおじさんを見かけるとしよう。夕方になれば彼に会えるということは信念となる。ところがどうしたことかある夕方、別人がそこにいるのを見る。夕方である。それは誰か別人である。こうした知覚的同定は、夕方とシモンおじさんを結びつけていた信念とコンフリクトを起こす。彼の表象作用はこのとき動揺し、これまでの信念は覆される。この「表象作用の動揺」が疑惑であるとスピノザは言う[24]。

というわけで、問題となっている信念はそれが表明している事柄の確実性によってではなく、もっぱら疑惑を引き起こす原因の不在[25]がどれだけ続くかということによって規定される、ということがわかる。言い換えると、どれほど長きにわたって信念が持続していても、それだけでは信念の表明していることが真実であるという確証はないということだ。

引用したスピノザの言葉をくり返そう。人が「偽なる観念に安んじて少しもそれについて疑わない」としても、それは「彼がそれについて確実性を得ているというのではなくて、単にそれについて疑わないというだけのこと」、つまりは「彼の表象作用を動揺させる原因が少しも存在しないがゆえに彼はその偽なる観念に安んじているというだけのこと」なのである。(26)

以上が表象理論から見た信念である。各人のもつ信念がこんなふうになっているとすれば、あとは各人の「記憶」のいわば同期的な連接によって集団的な「疑惑の欠如」が成立すれば、それだけで信念共有という地盤が出来上がるだろう。これが次の問題である。

感情の理論から見た信念とその共有

各人の表象作用を同期的に連接させるようなメカニズムは何か。私はそれを『エチカ』第三部の感情理論に求めることができると思う。第三部は「コナトゥス」(自己保存衝動)という力動的概念の導入によって始まる。身体の刺激のされ方が自分の力を促進するものか阻害するものかを衝動は常にモニターしており、これを喜びと悲しみの感情で計っているとスピノザは考える。「衝動」は喜びを与える好ましい対象をできるかぎり表象し、悲しみを与える厭わしい対象の現前を排除すべく全力を尽くすだろう。この努力が欲望である。だからどの表象作用も何らかの感情的強度をそなえているし、どの表象作用もわれわれを行動へと決定する力を持っている。(27) スピノザの着眼はそうした感情の「模倣」にある。互いに表象し合う人間たちは、必然的に互いの感情を模倣するだろう。

われわれと同類のものでかつそれに対してわれわれが何の感情も抱いていない事物がある感情に刺激されるのを表象すると、われわれはそのことだけによって、類似した感情に刺激される。(28)

他者の感情を表象する作用は、また表象する当人の身体の変状のされ方の意識でもある。そのため、同類が喜ぶのを表象するだけで当人もうれしくなり、悲しむのを表象するだけでつらくなるのだとスピノザは言う。(29) 思いやりに満ちたシンパシーについて語っているのだろうか？　必ずしもそうではない。スピノザによれば「感情の模倣」は人々を一方の手で分裂させながら、他方の手で一致させるのである。この論理を見てみよう。

先に見た各人の信念のシステムは各人各様の「習慣」に従ってブリコラージュになっている。だから同じ事柄について「頭の数だけ意見あり」というふうになって不思議ではない。(30)「感情の模倣」はこの不一致を機として、各人に「心の動揺」をもたらすはずだとスピノザは考える。自分はよいと思っているのに相手はよくないと思っているらしい――そんなふうに表象するだけで、この表象作用は極度に不安定なものになる。というのも、こう思い浮かべるだけで自分のとは反対の相手の感情に伝染してしまい、二人の間の事柄をどう知覚してよいか「記憶」は決定できなくなるからである。[31] これが「心の動揺」であって、疑惑がここでは感情的な強度を帯びているのである。[32] 衝動はこの不安定な表象作用を除去しようとするだろう。どのようにしてか。「自分が好感を持つものは相手も好感を抱くように、また自分が嫌悪感を持つものは相手も嫌悪感を抱くように力の及ぶ限り努める」ことによってである。これはとりもなおさず、自分の意向にそって他人たちを生活させたいというやみがたい欲求に他ならない。ところがみんながそのように努めるものだから意見の張り合いになり、結局は互いが邪魔になる。[33] これが分裂である。

とはいえ、この同じ動きはすでに、人々をある種の一致へと方向付けてもいる。というのも、各人はそれぞれ身勝手な自分の意見を他人に押しつけようとしているように見えるけれど、実は「人々一般」がよいと思うであろうこと、あるいはよくないと思うであろうことに、結局みんなして追従しようとしているからである。ここにも同じ「感情の模倣」が働いている。われわれは「人々」がどう感じているか表象するだけで、感情の模倣によってその表象された感情に伝染してしまう。その結果「人々が喜びをもって眺めるというふうに自らが表象するすべてのことをなそうと努め、また反対に人々が嫌悪するというふうに自らが表象することをなすのは嫌悪する」ことになる。[34] もちろんその「人々」というのは、スピノザが注で断っているように、具体的な感情的交渉関係にある目の前の個々の他人のことではなくて、ちょうど「世間一般」とわれわれなら言うような抽象的な「人々」である。人は世間一般が喜びをもって眺めているはずの何かをなそうとし、嫌悪しているはずの何かを控えようとする。ジャック・ラカン風に言うなら、われわれは「知っていると想定された世間一般」の、その意味で想定されているだけの欲望を、おのが欲望として生きる。スピノザはこういう欲望は追従の欲望に他ならないと見ている。

ただ人々の気に入ろうとする理由だけであることをなしたり控えたりするこの努力は〝追従〟(Ambitio) と呼ばれる。[35]

分裂と一致というこの二極性は、われわれの他者関係の両義性をうまく説明してくれる。人は他人にまさって自分こそが人々の喜ぶところにかなっているはずだと信じたがり、賞賛を求めて互いに張り合う。その限りで他人は名誉を争うライバルである。だが他人はまた「知っていると想定された世間一般」からの突出部分でもあって、その限りで、自分がその喜ぶところにかなっているはずの他者の一員でもなければならない。だから人々は同類どうし名誉を争いながら、しかも実は互いへと追従しているのである。そう、何としても彼にいうことをきかせねばならない、だがそれは彼にそのとおりだと気に入ってもらうためなのだ。「同類」（自分に類似したもの）とはそういうものであって、誰も石ころや三角形を相手に説き伏せようとはしない。ラテン語の「アンビシオ」（Ambitio）には名誉欲と追従の両方の意味があるのだが、スピノザは実に絶妙な仕方でこの両義性を響かせ、分裂と一致が同じことの両面であることを指摘する。いわく、「各人が各人どうし、自分が好感を持つものや嫌悪感を持つものを相手に認めさせようとするこの努力は、実のところ追従なのである」[36]。

追従＝名誉欲としての「アンビシオ」。これは実に「すべての感情をはぐくみ強化する欲望」であって、感情生活の全域に伏在しているとスピノザは言う[37]。もう明らかであろう。この両義的な欲望こそ、人々が集団的な次元で自分の知覚的現前の意味、すなわち信念に固執しようとする衝動なのである。

この両義的構造から、われわれは集団的な信念の極を分離してくることができる。他人に対して意見を通さねばならぬ信念は、「頭の数だけ意見あり」なのでまず安定はむずかしかろう。だが「人々もそう思っているはずだし、そうでなくてはならない」という追従的な信念の方は、確実性と言わないまでもある種の安定性をそなえ、動揺から保護されていなければなるまい。そこまで動揺が及ぶなら人間はおよそ自分が何を欲しているのかわからなくなるはずだから。われわれの問題にしている信念共有の岩盤は、おそらくここにあるのだろう。しかしいかなる安定か？　各人がそれぞれに「人々もそう思っているはずだ」と思い込み、それぞれにそう思っていることでいかなる疑惑の原因も生じさせないような、そうした信念のあり方とは何か？　そもそも、「知っていると想定された世間一般」のその想定された欲望に各人はいかなるアクセス方法を持っているのだろうか？　これは『エチカ』の感情理論から十分推測可能だと私は思う。説明してみよう。

たとえば、先の「感情の模倣」の定理からスピノザはただちに次のような系を導き出している。

その人に対してわれわれが何の感情も抱いていないある人が、われわれと同類のものを喜ばせる、というふうにわれわれが表象するならば、われわれはその人に対して好感を持つであろう。これに反してその人がそうしたものを悲しませるというふうにわれわれが表象するならば、われわれはその人に嫌悪感を持つであろう。(38)

この系は表象する人間がどのようにして第三者的な判断を抱くかを説明していると考えられる。必要なのは「感情の模倣」のメカニズムだけだ。われわれは、特定の誰彼にかかわらず、だれかにひどいことをする奴がいるというふうに思うだけで、ただちに被害者乙がかわいそうだと感じ加害者甲に憤りを覚える。逆の場合なら甲に好意を抱く(39)。この命題の「われわれ」は、当事者甲・乙と特定の感情的交渉関係にはない第三者的視点から二人を表象している「われわれ」である。つまり人は、外から一般的な「同類」を見る眼差しならこうしたケースをどう判断するか、表象作用のなかですでに知っており、その眼差しが行為のいずれを「喜びをもって眺め」あるいは「嫌悪する」のか、表象するだけでわかってしまう、ということだ。言うまでもない。人を悲しませる者は必ずや嫌悪され、喜ばせる者は必ずや好意を寄せられる。そして人を悲しませる者が好ましいことには決してならないのである。

記憶が表象的な「人間の一般概念」を容易に形成できることを考えれば、こういう第三者的判断を生み出すのに何の困難もないし、しかもこのことに関しては、なんぴとも別様に表象することはあり得ない。なぜなら、誰が表象しようと、この表象作用自体が、事柄の感情的知覚をまさに「感情の模倣」のメカニズムに従って現実に含んでおり、この系に述べられているとおりの知覚しか生じないからである。われわれはここに、知性によっても理解されるが表象作用だけでもそれと知られるような事柄とスピノザの言うものを前にしている。スピノザが「感情の模倣」によって証明している今の系は、まさにその証明のとおり、この証明抜きでも各人の表象作用の中で「真なるもの」として知覚され、根拠が知られないままに共有されるのである。

むろんこのままの命題の形でというわけではない。おそらくそれは物語や言伝えの中に、たとえば「人にひどいことをする奴は許されない」とか「人を幸せにする者こそ誉むべきかな」とかいった、いわば倫理的な要素命題のバリエーションの形で含まれていて、共同的にこれを使用する人々を触発しながらその「記憶」の一部を形成しているのだろう。たしかに表象作用のブリコラージュである限り整合的な命題体系というわけにはいかないし、個々のケース適用では抽象的すぎて互いにつじつまが合わなくなることもあるにちがいない。スピノザの言うように風習や教育の違いから、どうすることが正しいかについて意見の相違を生じるかもしれぬ。[40] だが、個々の要素命題そのものが同類の間で真っ向から否定されることはあり得ない。もし口先だけでなく本心から否定できる者があれば、それは感情の模倣が何らかの理由で停止した者、つまりは「同類」をやめた存在なのである。それゆえ、これらの要素命題は言語の織物の共同使用の中で、誰も改竄しない核のごときものとして存続するだろう。誰もがそう思っているはずだと誰もが思う。そう、ちょうど聖書の改竄され得なかった道徳的教えのように。

集団的な次元での「疑惑の欠如」はここに成立していると考えられる。追従的信念は集団的実践の中で「心の動揺」に出会う機会を摑み損ね続け、その限りで不動であり続ける。人々は、自らの言語的実践そのものがそのつど実証してしまうこの疑惑の欠如のゆえに、ちょうど馬を幻視する幼児のように、根拠付けなき自明性のうちに共同的にとどまり続けるだろう。

こうしてわれわれは、「かく言うことの正しさ」に関する信念の共有に到達した。今や『神学政治論』に戻るときである。

『神学政治論』と共有信念

以上、『神学政治論』の理論的背景の再構築を試みてきた。こんどはそれを『神学政治論』とつきあわせる段である。われわれが描き出した信念のあり方は、実際、『神学政治論』が聖書の神聖な教えと見なしているものの特徴とよく合致する。すなわち「事柄の真理」を「数学的確実性」において表明しているわけではないが、少なくとも否定するのが困難な「心的確実性」を有していること[41]。しかも思弁的な事柄ではなく「正義と隣人愛」の道徳的規範に関わる「きわめて平凡かつ単純な、容易に理解できる教え」であり、「きわめてありふれた言葉」で表現されて伝承されていること。[42] それゆえまた誰もこれをあえて削除したり改竄することは思いつかず、教えに反することをするような人間でも教えの正しさそのものは否定しないで、かえって人々の前に弁解に努めようとすること。[43]——こうした特徴がわれわれの見てきた共有信念のそれにほぼ合致することは、もはや言をついやすまでもあるまい。『神学政治論』が「宗教全体の基礎」[44]と呼ぶその教えは、まさに、あまりに「周知」(notae)で「知覚されやすく」(perceptibiles)、知覚されないでいることは誰にも不可能な事柄なのである。[45]

残るのは、このような信念が『神学政治論』にとってどういう意味をもっていたかということである。

まず、スピノザはこうした信念が神的なものに関係づけられること自体は正当だと考えていた。そして、そうした信念においてこそ人は「心の動揺」(animi fluctuatio)から守られて「心の平安」(animi acquiescentia)を得ることができ、この平安にこそ(本人がどう信じていようと)「真の救いもしくは幸せ」が存するということも。[46] 実際、このような道徳的規範の信念は、各人の「自由な決意」と信じられている判断力のようなもので左右はされない。むしろひたすら服従すべき動かしがたい規範として表象され、しかも服従の実践すなわち善行からは実際に「心の平安」が生じる。[47] だから人々が彼らの思いをはるかに超える外、つまり「正義と慈悲の神」にその根拠を思い浮かべること自体には、何の誤謬も存しない（「アンビシオ」からすればそれは当然である）。だからこそスピノザは外的な「しるし」を真の預言者の証拠としてあげ、預言に「神の言葉」という形容を辞さなかった。誤謬はただ、「正義と慈悲の神」という表象を「事柄の真理」として思弁的に使用する点にのみ存する。預言者たちが正しく、昨今の賢しらな神学者たちが誤っているのはまさにこの点においてなのだ(48)。このことは『エチカ』の表象理論からも裏付けられる。それによれば、いかなる表象作用もそれ自体で誤っているわけではない。それを事物そのものの説明として使用することに誤謬が存するのである(49)。もし預言者たちが神や世界について説明する神学者のように振る舞っていたなら、スピノザは決して彼らを信用しなかっただろう。『エチカ』の表象理論はスピノザ自身の立場をも説明してくれる。太陽の真の距離を知ったところで、われわれは太陽がわれわれの身体を触発する仕方を変更はできない。それゆえ理論的認識は知覚の信念を消失させはしない。ただ、ものごとが表象されているそのとおりにあるのではないと教えるだけである(50)。同様に、スピノザもまた人々の間にあって触発され、彼らと同じ「感情の模倣」のもとにある。彼は共有された規範的信念の表明しているような擬人的な「正義と慈悲の神」を信じないし、この規範の超自然性も認めないが、だからといってそのように信念が〈言う〉ことの正しさの知覚を自分から消失させることはできない。彼もまた、人々と同じくこの知覚を共有するし、それ以外にできはしない。ただスピノザはなぜできないのかを知っている。この消失不可能な正しさの現前が、彼においてもまた及ぶところまで及んでいる「神＝自然」の、その力能のなせるわざであることを。したがってスピノザは信念表象を捨ててその外に出ていくのではない。ただその意味を、見方の変更によって変えるのである。そのとき、意志も目的もない非人称的な力能が人々を分裂させせながらたえず一致させ続けているという、ありそうもない事実性の絶えざる成就が見えてくる。「ありふれたもの」が、あまりにありふれていて、かえって誰にも知られない奇跡のようにすら見えてくる視覚。おそらくスピノザはそうした視覚で見ているのである。

こうして『神学政治論』は、聖書の知らぬ根拠から聖書の権威を擁護しようとする。正しい信仰へと人々を導こうなどという意図からではないし、ましてや聖書の権威を失墜させようという隠された意図からでもない。『神学政治論』が担っている課題は、われわれが第Ⅱ部第1章で見たように、当時彼の祖国オランダ共和国の平和を脅かしていた党派がらみの神学論争に対して、いったい誰が何を根拠に、どのような権限でもっていかなる事柄を「不敬虔」と断罪できるのか、というその論拠を、なんぴとも論難しがたい論証によって公に提出することにあった。そのためにこそ、そうした〈敬虔の言語ゲーム〉において、あらゆる意見の不一致がすでに前提としてしまっているような信念の一致の岩盤をまずは洗い出す必要があったのである。

もっとも、スピノザは信念の共有がただちに和合を生み出すなどとは期待しない。「正義と隣人愛」を言うことは正しい、そう信じる点で人々は一致するが、この信念の一致は同時にまた、では誰がその正しさにかなう敬虔な者であり、誰が不敬虔な者なのか、という争点をめぐる絶えざる意見不一致の条件ともなっている。したがってこの不一致が少なくとも公共の平和と両立できるようになる方策を、正しさへの共有信念そのものを梃子に打ち立てること、これが『神学政治論』の提案であった。すなわち、思弁的な真理としてではなく、共有信念たる正しさを実践するために必要と見なされるかぎりでのみ公の信仰教義は確定されるべきこと、この正しさにどの行為がかなうかは国家の法が決定すべきであること、そしてこの正しさをどのような表象でもって理解するかについては各人の私的解釈に委ね、その不一致には最大限の法的自由を保障すること、これである。くわしくは次章で論じるが、いずれにせよこのような構想の背景に、われわれの見たような信念の理論があったことはほぼ間違いあるまい。

実にスピノザは、根拠を誤認した偽なる信念が過つことなしに正しく語ることを知っていて、これを肯定することに何の躊躇もなかった。しかしまさにこのことが、当時の『神学政治論』の読者にとって策略めいた欺瞞に映ったことは十分考えられる。『神学政治論』が二重言語を弄しているという世の見方が出てくるのは、その意味で不思議ではなかったのである。

第4章

契約説をめぐって――スピノザにおける社会契約と敬虔

『神学政治論』第十六章には「社会契約」が出てくる。

各人がその有する力を社会に委譲するなら、共同社会は万事に対するかくも至高なる自然の権利を有することになり、いいかえると共同社会ひとりが至高の統治権を有することになる。……かかる共同社会の権利こそまさに民主制と呼ばれるものにほかならない。(1)

こんなふうに『神学政治論』にはいわゆる「社会契約説」が見いだされるのに、スピノザ晩年の『政治論』(*Tractatus Politicus*, 1677)ではそれが出てこない。この消失ないし不在についてはすでに多くの言及がなされてきた。そして『政治論』のうちに社会契約説とは異質なスピノザ独自の国家理論の存在を指摘することは、ほぼ定説になりつつあるとさえ思われる。しかし、それはまだ問題の半分でしかない。もしスピノザの政治哲学の真骨頂が社会契約説にないというのが本当なら、では逆に、なぜ『神学政治論』に社会契約説があるのか？　そもそも『神学政治論』における社会契約説は、いかなる身分でそこに登場しているのか？　問題の先の半分に比べると、この半分には必ずしもまだ満足できる解答はない。『政治論』における契約説の不在と逆立的な関係にある、『神学政治論』における契約説の存在、これはいったい何なのか？　これこそいまや問うべき問題である。

それは理論だろうか？

これまでに出されてきた解釈を振り返ってみよう。

ひとつの解釈は、『神学政治論』の社会契約説は後に『政治論』によって乗り越えられ、廃棄されるべき暫定的な国家理論であった、という捉え方である。『政治論』の再評価に決定的な役割を果たしたマトゥロンやネグリの解釈がこれに当たる。

マトゥロンによれば、『神学政治論』のスピノザはまだ『エチカ』第三部の感情論をものにしておらず、「感情の模倣」のメカニズムだけで国家発生を説明できる理論を手にしていなかった。そのために、各人の自然的理性の計算、つまり自然権の放棄とその最高権力への委譲という「社会契約説」で国家発生を説明せざるを得なかった。それはいまだ不在の国家発生論にかわる「急場しのぎ」であり、『政治論』のもっとラジカルな国家理論へと進展する前段階にすぎない、というのである。[2]

ネグリはこの「進展」をもっと強くとっている。『政治論』は社会契約にかわって、各人の間の拮抗関係から権力を生成させるある「政治物理学」を展開する。それは『神学政治論』が残していた近代自然法論の絶対主権の超越性に対し、群集の力能の平面に権力を内在させるラジカルな対抗理論であった云々。[3]

いずれにせよ、「社会契約説から群集の力能へ」と要約できるようなこれらの解釈で行けば、『神学政治論』の社会契約説はなくもがなの理論、スピノザの中でいずれは棄てられるだけの理論ということになるだろう。このタイプの解釈をさしあたり、「未発展段階説」とでも名づけておこう。

もう一つの解釈はこれと反対に、契約説の有無を乗り越えや廃棄としてではなく、むしろ戦略の違いにすぎぬと見る捉え方である。デン・ユルやボスの解釈がこれである。デン・ユルは『神学政治論』と『政治論』の間に国家理論に関する大きな転回はないとし、『神学政治論』の社会契約説を、『政治論』の国家論のエグゾテリックな（つまり一般向けの）バージョン、あるいはその特殊な適用と見なす。[4]ボスもこれと同趣で、二つの著作の国家理論の違いは、語っている事柄の違いというよりむしろ視点ないし戦略の違いにすぎぬとする。いわく、『神学政治論』のホッブズ流の契約説は理性的な市民が自らかかわる政治社会を分析する視点（市民の倫理）から書かれ、『政治論』は市民自らのかかわりから独立な客観的視点（統治術）から書かれている。前者は市民を教育する戦略、後者は君主を教育する戦略。両者は対立するのでなく相互に補完的であって、『神学政治論』と『政治論』の間に契約説そのものの否定はない。たしかに『政治論』は市民を説得するよりむしろ強制をとるというトーンが強いが、それは『神学政治論』のスキャンダルや、共和主義者ヤン・デ・ウィットの失脚という政治状況の変化から説明される、という。(5) この種の解釈を「応用理論説」とでも名づけよう。

この「応用理論説」でいくと、『神学政治論』の社会契約説は『政治論』の感情メカニズムに基づく国家理論と、理論的に相互変換可能な関係にあることになる。後者のほうが原理的だが、それはいつでも契約説の形で応用的に述べ直すことができ、その違いは「戦略上」のものにすぎない。

以上、ざっと「未発展段階説」と「応用理論説」という対照的な二つの見解を見てきた。両者はたがいに論争的な関係にあるが、しかし次の点では一致する。すなわち、『神学政治論』の社会契約説は、それが暫定形態であるにせよ、あるいは応用形態であるにせよ、ともかく一個の国家理論の提示であるという前提である。この前提があればこそ、マトゥロンやネグリのように国家理論の「進展」を説き、あるいはデン・ユルやボスのように相互補完的な両立を説くこともできる。だが、くだんの社会契約説がそれ自体まとまった一つの国家理論の提示であるという、この共通の前提に問題はないだろうか？『神学政治論』のある箇所で「国家について本格的に論じることは私の意図ではない」(6)とスピノザ自身が断っているところからも、この点は疑義がある。

それに、こんなふうに社会契約を一つの国家理論として単独に取り出してくることは、『神学政治論』の神学的部分との関わりを見えなくさせる恐れがある。『神学政治論』は大きく見ると、前半の聖書解釈をめぐる神学的部分（第一章から第十五章）と、後半の最高権力をめぐる政治的部分（第十六章から第二十章）の二つのブロックからなる。契約説は後半部（第十六章）に現れるわけだが、それだけを取り出しても前半の神学的ブロックとどういう関係があるのかわからない。通念からすれば、近代の社会契約説は神によって支配権が立てられたとする神権説に、人間たちのあいだの合意を対抗させる理論である。ところが、ザックが正しく指摘しているように、『神学政治論』は古代ヘブライ神政国家の設立と社会契約を重ね合わせて語る。(7)民主制の原理として社会契約だけを取り上げても、なぜそれが神学的な問題と関わってくるのかはわからない。契約説を一個の独立した理論と見ている限り、なぜこの著作が「神学」と「政治」をハイフンでつないでいるのか、という根本問題が見えてこないのである。
加えて言うなら、「未発展段階説」「応用理論説」のいずれをとっても、契約説のもつ理論的価値はたいして重くない。いずれ克服廃棄されるか、戦略的応用か、なのだから。解釈の成果は、なぜ契約説があるのかという逆立問題に関してはトリビアルな結果に終わる。これらの路線上に『神学政治論』という比類なく難解なテクスト自体の問題が立ち上がってこないとしても、不思議ではない。

それはトピックだろうか?

そこで、こう仮定してみよう。そもそも、『神学政治論』第十六章に現れる社会契約は、現実の国家をその成り立ちから説明しようとするような理論ではないのかもしれない、と。理論でないなら、では何なのか。
ひとつ可能な解釈は、それを当時一般の論争的トピックへの介入として捉える見方である。政治思想史的アプローチが明らかにしつつあるように、社会契約説やヘブライ神政国家論といったものは何もスピノザの専売ではない。当時のオランダにおいて、ホッブズの社会契約説は共和主義者たちによってしきりに援用されていた。旧約聖書のヘブライ神政国家への参照も、唯一の真の宗教を基礎とするという国是を共有するこの共和国の知識人たちにとって馴染みのものであった[8]。とすれば社会契約は当時の論争のアリーナにおけるいわば競技種目の一つであって、『神学政治論』の契約説もこの共通のトピックへの介入と見るべきではないか。

こうした解釈路線をわれわれはモローに見ることができる[9]。スピノザの議論を当時の思想史的文脈に解消しようというのではない。むしろ、当時の共通の論争言語を用いながら、それをスピノザがいかに彼の哲学的立場から換骨奪胎し変質させているかをそれは問題とする。このような解釈を、仮に「トピック説」とでも名づけておこう。

従来の路線の中ではこの「トピック説」が、少なくとも『神学政治論』読解に関する限り最も有力に見える。しかし不満がないわけではない。

トピックごとに焦点を当ててスピノザの介入を見ていくと、『神学政治論』の契約説は、当時流布していたホッブズ学説の換骨奪胎、脱構築ということになるだろう[10]。それ自体は間違いではないとしても、しかしそれだけでは、種々様々な論争的トピックをひとつに結びつけている『神学政治論』自身の論理は依然、見えてこない。確かにモローの言うように、『神学政治論』は哲学の単一の語り口で書かれた書物ではなく、様々なトピックに固有の語り口を論争的に組み込んだ複雑なテクストであるというのは本当だろう。そして、そうした多様なトピックが当時の論争のパブリックな空間の中で相互に複雑に関連して存在していただろうことも。だが、それらのトピックをひとたび結びなおして一個の緊密な全体に仕立てている『神学政治論』自身の強力な議論の道筋、これは単一である。そう想定しなければ、神学的なものと政治的なものをつなぐハイフンが見えてこない。

それに、この「トピック説」も、最初にあげた逆立問題に関してはトリビアルな結論にしかならない恐れがある。スピノザは直接に自らの哲学を語っているのではなく、当時の論争トピックにあわせて語っている。とすれば「社会契約」はいわばスピノザ哲学によって乗っ取られ、乗り捨てられる、便宜的な語り口にすぎないということになりかねない。

そこで、われわれのとるべき道が見えてくる。すなわち、神学的なものと政治的なものをハイフンでつなぐ議論の道筋をたどり直し、その途上において「社会契約説」を見いだすこと。そうやって、スピノザが契約説に与えている身分を、トリビアルな問題としてでなく、『神学政治論』そのもののはらむ哲学的問題として、しかもそのスキャンダラスな運命との関わりの中で探り当てること。これである。

契約と敬虔の文法

社会契約説は『神学政治論』が張りめぐらす組織の一部分でしかない。その組織全体がどんな問題を核として出来上がっているのかがわからないと、社会契約説の身分もわからない。その問題とは何か？

第Ⅱ部第1章で見たように、『神学政治論』の序文からそれは明白だと思う。「判断の自由と神を自らの思うとおりに礼拝する自由」が「敬虔と共和国の平和とを損なうことなしに許容されうる」ということ、のみならず「この自由が除去されれば共和国の平和と敬虔も同時に除去されざるをえない」ということ。これが「本書のなかで証明しようとした主題」だとスピノザは言っていたのだった。[11] 核となる問題が、「敬虔」(pietas)と思想言論の自由の関係をはっきりさせることにあったことは間違いない。そしてこの問題が共和国の平和に深く関わっていることも。

『神学政治論』はこの問題に立ち向かう。目標ははっきりしている。「敬虔」を損なうと懸念される「自由」が、実は「敬虔」の存在そのものにとって必要不可欠な条件であることを証明すること。これである。とすれば、「社会契約説」は、この証明手続きの一つとして組み込まれて現れると予想できる。実地に見てみよう。

先にも言ったように、『神学政治論』は前半の神学的ブロックと後半の政治論的ブロックからなっている。われわれは両ブロックの間に、一方から他方へと引き渡されていく共通の問題的なタームを見いだすことができる。「正義と愛徳」（justitia et charitas）という、ほぼ常に対の形で頻出するタームがそれである。この後を追っていけば、ハイフンに沿った議論の展開が見えてくるはずだ。

まず、『神学政治論』の前半部の大部分を占める聖書解釈は、この「正義と愛徳」を聖書の教えの核心として洗い出してくる。先立つ章で見てきたように、聖書が教えているのは、神がいかなる存在であるかとか、神はいかなる仕方でこの世界をコントロールしているのかとか、人間の意志と神の決定はいかなる仕方で調和しているのかとかいった、学者がふつう論じるような実在世界の説明ではない。預言者たちは一般民衆を相手に語った。だからその確実なメッセージは誰にでもわかる正しいこと、すなわち「神を愛し隣人を愛せ」という倫理的な教え以外ではありえなかった。[12]「正義と愛徳を促進することによって神に全心をもって服従すること」。聖書の教えはこれに尽きる。資料体としての聖書は欠陥だらけだが、この「正義と愛徳」の教えに関してはいかなる改竄も欠落も生じなかった（その理由は前章で見たとおりである）。実際、正義と愛徳に反する事柄が神の意にかなう敬虔と見なされることはありえなかったし、誰もこの正しさについて疑ったり否定したりすることはなかった。それゆえ——とスピノザは結論する——この証明なき自明性をそなえた教えこそ「宗教全体の基礎」と見て間違いない。[13]

この「正義と愛徳を促進することによって神に全心をもって服従する」という教え——以下「教え」と略すことにしよう——を見ると、二つの問題性がそこから必然的に出てくるのがわかる。すなわち、服従すべき神とはいったいどんな存在か、そして、どのようなことが正義と愛徳にかなう事柄なのか、という問題性である。

「教え」はこの二つの問題を避けて通ることはできない。先取りして言うなら、スピノザはこのいずれの問題についても、人々の意見が一致することはあり得ないと見ている。われわれが見てきたように、この「教え」は「事柄の真理」に関わりのない、その意味で根拠付けなき服従の教えであって、そこから出てくる問題性も、哲学的認識のように「数学的」に確実な答えなどはじめからありはしない[14]。出される答えは各人各様の「性向」(ingenium)に従ったものでしかなく、意見の普遍的な一致を求める方が本当は間違いなのである[15]。

したがって、第一の問題、すなわち、神というものをどう考えるべきかという問題性からは、正しい教義をめぐる絶えざる論争が出て来、第二の問題、すなわち、何が正義と愛徳にかなうのかという問題性からは、敬虔と不敬虔の判定をめぐる、これまたきりのない論争が出てくるのは避けがたい。なまじ根拠なき共有信念として「教え」があるために、皆が果てしない論争から出られなくなっているのである。スピノザはこの構造をよく見抜いている。つまり、一方に「教え」の受容における万人の自明な一致があり、他方に、この「教え」が立ち上がらせずにはすまない問題に関する、意見の不一致がある。『神学政治論』の提示する解決が関わっているのはこうした齟齬の構造である。この齟齬を弁証法的に解消させるのでなく、むしろ、解消不可能なこの齟齬自体が逆に安定要素になってしまうような、何らかの神学-政治論的システムを構想すること。そこに『神学政治論』の企てがあると私は見ている。問題順にスピノザの議論を追っていこう。

第一の問題は、神に関する「思弁的な事柄」にかかわる。『神学政治論』の神学的ブロックはこれを「普遍的信仰の教義」の導出によって解決する。聖書の中の神に関する陳述を集めて長大なリストにしても、聖書の神がどういう存在であるかという問題に決着は望めない。実際、預言者たちはそれぞれの習慣や「性向」に従って神を思い描けるとおりに思い描いたのであって、そうした雑多なイマジネーションの産物をもとに、神が火なのか霊なのか光なのか、それとも思惟存在なのかなどと議論しても意味がない。問題は逆に立てねばならない。神の教えははっきりしている。それは正義と愛徳の実行によって神への服従を示せ、ということである。したがって、およそ聖書の神について正当に語りうる事柄は、それを知っていないと服従ができなくなるような事柄に限られる。これが第Ⅱ部第1章で見た「普遍的信仰の教義」であった。

多くのスピノザ研究者がこの「教義」に面食らって、『エチカ』のあの「神即自然」とここでの神とがどう整合するのかと不思議がったものだ。だが、スピノザ自身が言っているように、「教義」は実在する神についての真理命題である必要はない。「真理の影さえ宿さぬもの」でかまわないのである。「教義」はむしろ、「正義と愛徳」を実行している者ならば論理的に言って必ず持っていることになるような、そういう知を確定する。実際、その知は「それを知らなければ神に対する服従が失われ、またこの服従が存するところにはそれが必ず存するといった事柄」に他ならず、こういう知によって神を感じとることがすなわち「信仰」なのだから。[16] つまり「普遍的信仰の教義」とは、各人が神を心の中でどう思い描いていようと、敬虔を実行していればまさにそのことから事実上一致していることになってしまう教義、なのである。その一致は各人の意見や解釈の一致ではなく、論理的な一致、文法的な一致である。一致している以上、各人が教義の神を火と考えようが光と考えようが霊と考えようが思惟実体と考えようが「どう考えようと違いはない」[17]。

では、「正義と愛徳」の実行がなされているとどうやって判るのか？　これが先に言った第二の問題である。後続する政治論的ブロックに引き渡されるのはこの問題に他ならない。

当人が実行していると信じていさえすれば、それで「正義と愛徳」にかなった行為になるわけではない。自分では正義と信じて行ったことが、同胞の悲惨をもたらすこともありうる。だから、およそ「敬虔の実行」について何かを判定できるには、万人に妥当する正義の掟が存在して、これに参照できなければならない。「教え」は何らかの「法的効力」を持たねば教えとして存在すらできないのである。では、そうした「法的効力」はいかにして考えうるか。本章の冒頭に引用した社会契約が出てくるのはここである。

スピノザの契約説も、大筋ではホッブズのそれとかわらない。いわく、自然状態では各人が自分の「性向」から勝手に行動してよい自然権を有している。これでは生きるのに必要な相互協力は望めないので、人々は「他人に何らかの損害を与えさせようとする欲求は抑制し、自分がされたくないことは他人にもせず、また他人の権利を自己の権利同様に擁護する」ことを「かたく取り決め、契約しなければならなかった」。だが、言葉だけの約束では守られる保証がない。したがってこの契約は、各人が「社会」に自分の力をすべて委譲し、これに約束の実行へと強制しうる最高権力を与えるという契約でなければならなかった。こうして「民主制」が成立する(18)。

だが民主制そのものの政治論的な基礎づけが問題なのではない。スピノザが言おうとしているのは、この契約を想定してはじめて、何が正義にかなう行いであるかを定める最終審級の権利を考えうること、そしてこの権利なしに正義も愛徳も正当に言われることはできないということである。いわく、「神の教え」そのものが「絶対的に法的効力（vis juris）を有する」ためには、「各人が自己の自然的権利を放棄し、全員がその自然的権利を全員に、あるいは若干の者たちに、あるいは一人の者に譲渡することが必要であった」。それまでは正義や愛徳の余地はなかった。それゆえ「正義、一般的に言えば真の理性のすべての教え、したがってまた隣人への愛は、統治の権利によってのみ、法もしくは掟の効力を得るのである」[19]。

この統治の権利なしに法的効力はありえず、また正義も愛徳もありえない。だから、いくら主観的に自分の行いが敬虔であると思っていても、国家の法を破っているなら敬虔を主張する権利は誰にもない。逆に、法に従っている限り、それがどのような思想からであろうと、人から不敬虔のそしりを受ける理由はないことになる。こうして契約説の果たす役割が判明する。それは、各人が自分の行為についてどう思い描いていようと、つまりどのような思想信条を抱いていようと、彼らが合法的に行為している限り「敬虔の実行」という点で一致していることになってしまう、そういう「法的効力」の要件なのである。この一致もまた、各人の意図の一致でもなければ個々の行為の斉一性でもない。それらいかんに関わらぬ論理的な一致、文法的な一致なのだ。

こうして神学的ブロックと政治論的ブロックを連携させている議論の構造が見えてくる。

スピノザが示そうとしているのは、「教え」の正しさに関する万人の受容の一致と、片やそれが強いる神学政治論的問題に関する意見の還元不可能な不一致とを、いずれも否認することなく引き受け、齟齬のあるままに両立させるある文法規則に他ならない。それは不毛な神学論争に陥らずに「敬虔」と「不敬虔」が正しく言われるためのいわば〈敬虔の文法〉であって、「普遍的信仰の教義」や「社会契約説」は実はこうした文法の一部を構成する要素にすぎなかったわけである。「正義」「敬虔」「不敬虔」「自然権の委譲」「自由」といった概念が集結して一つに結ばれる結論部分を見れば、一貫して問題となっていたのが〈敬虔の文法〉であることがよくわかる。少し長いが引用しておこう。

これをもってわれわれは、いかにして各人が、最高権力の権利と権威を損なうことなしに、いいかえれば国家の平和を損なうことなしにその考えることを言いかつ教えることができるかを見る。それはすなわちすべての行動に対する決定を最高権力に委ね、最高権力の決定に反しては何事をもなさないようにすることに存する。そしてそれはたとえ自分が善と判断し、善と確信する事柄に反することをしばしば為さねばならぬとしてもそうなのである。このことを人は正義と敬虔とを損なうことなしに為しうる。いや、もし人が正しく敬虔な人間であろうとするならそうせねばならぬのである。というのは、すでに示したように、正義は最高権力の決定にのみ存するのであり、したがってなんぴとも最高権力の採用した決定に従って生活するのでなくては正しい人間とは言われ得ない。一方、敬虔に関して言えば、共和国の平和と安寧を目的として為される敬虔が(前章に示した事柄から)最高の敬虔であることになる。しかるにこれは各人が自分の思い通りに生活することを許されるとしたら決して保持され得ない。ゆえに人が最高権力——彼がその臣民であるところの——の決定に反して自分勝手に行動するということが不敬虔なのである。そうしたことがもし各人に許されるなら、そこから統治の崩壊が必然的に結果するのであるから。それのみならず、人が最高権力の決定に従って行動する限りは決して自己の理性の決定ないし指令に反して行動することにはなり得ない。なぜなら、彼が自己自身の判断に従って生活する権利を最高権力に委譲すべく断然決意したのは理性そのものの勧めによったのであるから。(20)

契約説の外部

「普遍的信仰の教義」を公に定めることがかえって各人に聖書解釈の自由を与えてくれたように、敬虔解釈の最高決定権を定めることがかえって各人の思想言論に自由な余地を空けてくれる。そんなことが可能なのは、人々の意見の不一致がそのまま文法的な一致に読み替えられるような装置をスピノザが考えているからである。各人が「敬虔」をどう解釈していようと、市民は「敬虔の実行」という点で一致する。社会契約そのものの破棄行為を含意するような「反逆的意見」ならばともかく、そうでない限り、どのような意見に従ってであろうと、たいていのまっとうな合法的生活は「敬虔の実行」という点で現に一致しているのである(21)。

しかしこれは逆に見ると、〈敬虔の文法〉そのものは、自らが処理している不一致がどこから来るのか規定しないし、またこの不一致がどういう問題なのか知る必要もないということだ。それはただ不一致を無関連化するだけの論理なのだから。

そこで、なぜ第十七章の冒頭で、スピノザがまるで前言を翻すかのように、自然権の全面的委譲など本当にはあり得ない、だから社会契約説は「多くの点で単に理論的なものにとどまる」と言い出すのかが理解できる。契約説自体は自然権の全面的委譲の論理である。そうでなくては主権の至高性は基礎づけられないのだから。しかし契約説を要件とする文法の機能は、解消不可能な不一致を無関連な場所へと隔離することに存する。この隔離された空間が、いま異物のように契約説の外から戻ってくるのである。

このあとスピノザが抽象的な社会契約を去って、ヘブライ神政国家の歴史的実在に考察を振り向けるのは、この契約説の外部の現実的なものを指し示すために他ならない。

　この国家はわれわれが見てきたような〈敬虔の文法〉に、それと知らずに従っていた。実際、預言者たちは神について論議するのでなく、もっぱら神への服従に必要な事柄のみを語ったのだし、そのようにしか預言は語られることができなかった。また聖書は「教え」が律法として法的効力を持つための「契約」を語らずにはすまなかった。まずエジプトから脱出したヘブライ人たちの自然状態がある。そして預言者モーセの薦めに従って、各人は自然権をそっくり放棄し神にこれを委譲する。神のみが統治権を有する神政国家の成立だ。スピノザはこの契約が、成員の誰でもない第三項に自然権が委譲されるという意味で、実際上社会契約と同じものであったと見ている。この第三項の位置を「神の代理」であるモーセが占め、彼が神の啓示を律法として民に取り次ぐ。モーセは統治の任務を分配し、「彼の後継者たちが彼の代理として、いわば死んだ王にでなく不在の王に代わって統治を運営しているかのごとく見えるようにした」。不在の神の－代理の－不在を代理しながら、ヘブライ人たちは神の君臨を実現する。したがってこの国では、神の律法はそのまま国法であり、神への敬虔はそのまま祖国への敬虔であった(22)。

　これがヘブライ神政国家の〈敬虔の文法〉である。だがヘブライ人たちの「意見の中」でどうであれ、それが処理していたものは実際にはまったく政治的な事柄に他ならなかった。スピノザはある限界を指摘する。いかに最高権力といえども、好き勝手に人々に命じることができるわけではない。その証拠に「人々が自己の権利を放棄しかつ自己の力を他者に委譲しても、彼らの権利と力を譲られた者たちは依然として彼らを恐れざるを得なかったのであり、また統治は依然として外敵からと同様国民——自己の権利を奪われている——にもかかわらず——から危うくされずにはいなかった」。神の啓示がモーセに教えたことは、実はこの危険を回避する「統治の安全」に必要な事柄であったとスピノザは言う。そして、そこにこそ自由の許容のための鍵があるのだと。(23)

最高権力はそれ自身のために絶えず臣民たちの服従を生み出さねばならない。それには、人々が自分の考えから行為しているかのように思っていながら、事実上それが法に合致していることになるような、巧妙な術策が必要だった。律法しかり、祭儀しかり、氏族の連合機構しかり。(24) しかしそれでも、自然の課す限界というものがある。

なるほど私は、判断力が数多くの、そしてほとんど信じ難いような仕方で左右されうること、かくて判断力はたとえ直接的に他者の権利のもとにあるのでないにしてもやはり他者の口に依存し、その限りにおいて当然他者の権利のもとにあると言うことができると容認しはする。しかしこうした事柄においていかなる術策が可能であったとしても、だからといって人々が、人はそれぞれに自分の考えでいっぱいであり、好みと同じくらい考えが異なるのだということを経験しないようにはできなかった。(25)

スピノザはまさに、〈敬虔の文法〉が処理し続けざるを得ない、不一致の還元不可能性を指摘しているのである。それは理性によりは各人の「性向」に従う、各人各様の判断の根絶不可能な自発性に他ならない。これを無視して最高権力が思想信条に関する法律を設け、意見の一致を人々に強制すべく介入するとき、人は信じていないことを信じていると言わねばならなくなり、一切の誠実が根こそぎ失われる。最高権力はただちに不正を行っているように人々に見え出すだろう。そのうえでどうして敬虔と平和が維持され得ようか。(26)だからこそ〈敬虔の文法〉は統治権の安全のために自由の空間を隔離し、保持しなければならない。文法自身は語らない力、『政治論』で「群集の力能」と呼ばれることになる力が、そのように強いるのである。思想言論の自由は敬虔と共和国の平和を損なうどころか、この自由を除去しようとすれば、それと一緒に敬虔と平和まで除去してしまうことになるだろう。

こうして、たとえ委譲しようとしても譲渡不可能な各人の自然の権利が、契約説の論理の外部から回帰してくる。(27)それはもともと〈敬虔の文法〉の語法にない、自然からの残滓なのである。

社会契約説の身分

結局、『神学政治論』の社会契約説とは何であったか。

それは国家発生の理論でもなければ、たんなる当時はやりのトピックでもない。それは、そこから逸脱すれば必ずや「敬虔」と「不敬虔」の判定問題が不毛な騒擾がらみの論争に落ち込まざるを得ないような、そういう論理の一要件である。契約はあくまで聖書の敬虔の教えが無効とならないための論理的な条件の遡及的な再構成であって、国家についての真理を述べる必要はない——ちょうど「普遍的信仰の教義」が神についての真理を述べる必要がなかったように。したがって、ちょうど「普遍的信仰の教義」と『エチカ』の神を整合させる必要がないように、社会契約説と『政治論』の「政治物理学」を整合させる必要はない。それらは同じ次元の上には並ばないのである。

それだけではない。以上の考察は、『神学政治論』という著作自体の持つ問題性に光を当てる。『神学政治論』はそのリベラルな政治的主張のゆえにスキャンダルとなったのではなかった。むしろ聖書の権威を秘かに覆そうとする策略的著作として、比較的リベラルなはずの知識人たちからとりわけ猛烈な攻撃を食らった(28)。それもわからないではない。なぜなら、われわれが見てきたように、スピノザの議論は一言で言うなら、敬虔を擁護するためにこそ、各人の「内的崇敬」としての「敬虔そのもの」はどうでもよいような文法が必要だ、という逆説的な形を取らざるを得ないからである。敬虔の教えが実効的なものとして存立するためには、行動のみを判定して心の敬虔を不問に付すような機構がなければならない。スピノザのこうした証明は「不敬虔」をめぐって揺れる共和国にとって避けがたい真実であっただろう。が、同時にそれは、人々を躓かせるに十分すぎる逆説でもあった。

そのことは、同じく「哲学する自由」を主張していた比較的リベラルな同時代人、ファン・フェルトホイゼンの非難がよく示している。これは「逆説」だ、と彼は言う。『神学政治論』の著者は人々が宗教に関してどんな意見を抱こうが、またどんな祭儀を行おうが「徳にも悪徳にも何ら関係がない」のだから、そんなことは「神にとってはどうでもよく、神の心を悩ますことはない」と主張している。これは「すべての神事と宗教を廃棄し、これを根底から倒壊し、秘かに無神論への道を開くもの」である……。(29)

スピノザの意図するところは、たぶんそこにはなかった。しかし、敬虔と平和のための「証明」が本気にされなかったことも事実である。だが、およそ事柄一切の真理にのみ従おうと決心した哲学者にとって、証明以外に何ができただろう。こうして『神学政治論』

は読む者を躓かせ、自らも躓く。この躓きの構造から切り離してスピノザの「社会契約説」を云々することは、もはやできない。

第5章　奇蹟と迷信をめぐって――スピノザの奇蹟迷信論

宗教は迷信である。迷信はいつも民衆支配の道具として利用されてきた。哲学と理性はそうした迷妄を暴き、迷信から人々を目覚めさせ、君主的権力から彼らを解放するであろう。

どこかで聞いたような言い振りだ。宗教・迷信・君主的権力というふうに結びつけるこういう言説をさしあたり「啓蒙主義的宗教批判」と名付けておこう。この物言いからすれば、「奇蹟」などは迷信の最たるものであるということになる。しかり、現代では宗教人でさえ、奇蹟物語を文字どおりに信じることにためらいを覚える。できれば奇蹟物語のような迷信的なものは御免こうむりたい、と。「宗教は迷信だ」。これはちょっと言い過ぎかな、という気がするかもしれない。だが、「奇蹟は迷信だ」。これはほぼすんなり入ってくるのではないか。

今述べたようなことがそれほど違和感なく耳に入ってきたとするなら、それは現代のわれわれが「啓蒙主義的宗教批判」の開いた道を今なお歩いていることの証拠である。ところで、スピノザの『神学政治論』は、まさにそうした宗教批判の先鋒であるとよく言われてきた。

たしかに『神学政治論』の有名な序文は、格調高い迷信批判で始まっている。

もし人間が自己の一切事を一定の計画通りに処理することができるのであったら、あるいはもし運命が常に人間にとって有利に展開するのであったら、人間は決して迷信にとらわれることがないであろう。しかるに人間は、まったく途方に暮れるような諸種の困難にしばしば陥るものであり、また多くの場合、世間的幸福への飽くなき追求のゆえに、希望と恐れの間に痛ましくもたゆたうものであるから、人間の心はややもすれば手当たり次第のものを信ずるように傾きがちである。(1) ……

こういう出だしの序文の次に目次がある。見ると、第六章に「奇蹟について」というのがある。すると、てっきりこれは奇蹟を迷信として批判し去る書物であろうと人は思ってしまうかもしれない。だがそうなのだろうか。本当に『神学政治論』は奇蹟なんか迷信だと言っているのだろうか。

まず、単純な事実から確認しておく。「迷信」は原語のラテン語で"superstitio"、「奇蹟」は"miraculum"である。意外に思われるかもしれないが、二十の章からなり、ゲプハルト版全集で二四〇ページを超えるこの著作の中で、「奇蹟」と「迷信」という二つの語がひとつの文の中にそろって出てくる箇所は皆無である。「奇蹟」と「迷信」を結びつけて語っているような文は、『神学政治論』の中には一文もない。

もちろん、これだけでは何も証拠にならない。偽装された無神論の書、高度にレトリカルな二重言語を操る書、という風評もあることだから、慎重なスピノザはあからさまには書かないが遠回しに奇蹟は迷信だと言っているかもしれない。そこで、少しテクストの内容に踏み込んで、スピノザが"superstitio"とか"miraculum"といった言葉を用いて、実際に何を語っているのか、吟味する必要がある。

ではまず、「迷信」という語から見ていくことにしよう。

迷信論

序文には、迷信批判としてよく引き合いに出される箇所がある。畠中訳で引くと、「大衆を強く支配すること迷信に如くはない(2)」。ローマの史家クルティウスからスピノザが引用しているせりふである。さて、これの仏訳だが、ちょっと変ではないか。

«La superstition est le plus sûr moyen auquel on puisse avoir recours pour gouverner la masse.»

これはプレイヤード版スピノザ全集の、フランセによるフランス語訳である。[3] 日本語に文字どおり訳すとこうなるであろう。

「迷信は大衆を支配するために人が用いることのできる最も確実な手段である」。

これだと、迷信は民衆支配の道具だ、ということになる。悪いことに、このもう少し後でスピノザは君主制批判のように読める文を書いている。恐れを宗教の美名で装って人々を抑制するのに利用し、人々をして隷属のために戦うことがあたかも幸福のために戦うかのように思いこませることが君主制の秘訣ならば云々、という有名な箇所である。[4] 仏訳者のフランセは明らかに、これらを結びつけて、迷信は君主政治が民衆を支配するための格好の手段である、だからダメだ、というふうに読んでいる。しかし、本当にそんなことをスピノザは言っているのだろうか。引用のラテン語原文を見てみる。

«Nihil efficacius multitudinem regit, quam superstitio.»(5)

文字どおり訳すとこうなる。

「迷信以上に群集を効果的に支配するものは何もない」。

原文では群集を支配するのは迷信である。迷信は支配の手段ではなくて、むしろ迷信が支配すると言われている。

前後をよく読むと、スピノザは迷信を統治権（imperium）の危機に結びつけて語っているのがわかる。人間の境涯は不確実なので、人は何にでも前兆を見たがる。異変が生じると、それは神の怒りのしるしだと信じ、何らかの犠牲を捧げないと罰が当たると考える。これが迷信である。(6)そう言ってスピノザは、歴史から実例を引く。「占い師たちは統治の艱難が大きいときにこそますます民衆を支配し、ますます王たちにとって恐ろしいものとなった」。そしてスピノザは、迷信の不安定さ・浮動的な性格を指摘し、これをはっきり統治の艱難、統治権の危機に結びつけて語る。いわく、民衆はどんな迷信にも決して長く安住してはいない。むしろ新しい迷信、まだダメなことの判明しない迷信のみが民衆の気に入るのである。迷信のこうした浮動性は「幾多の騒擾、幾多の内乱」の恐るべき原因となってきた。なぜなら、と、ここで例のクルティウスからの引用が出てくる。なぜなら、「迷信以上に群集を効果的に支配するものは何もない」からであって、この結果、「群集は宗教の口実のもとに、いま彼らの王たちを神々のごとく崇拝していたかと思うと、たちまち今度はこれを罵り、人類共通の災いとして忌み嫌うようにたやすく導かれる」のだと。[7]ここからスピノザは宗教は迷信であって、というふうには話を持っていかない。反対である。いわく、「この不都合」――つまり浮動的な迷信が騒擾の種となるという不都合――を避けるために「宗教」というものを祭式と施設とで飾りたてることに莫大な努力が費やされてきた、それは「真なる宗教であろうと偽りの宗教であろうと」同じことだ、と。[8]するとこうなる。民衆は迷信に駆られて、時の為政者を神のごとくあがめるかと思うと人類共通の敵のごとく憎悪したりする。こういう統治にとっての不安要因を制御するために、「宗教」の制度化に莫大な努力が傾けられてきたのだ、と。とすればスピノザは、宗教は迷信だと言うどころか、むしろはじめから対立させている。それも統治のセキュリティの問題として「宗教」と「迷信」を対立させている。

ではいかにして宗教を制度化するか。「真の宗教であろうと偽りの宗教であろうと」制度化されねばならぬことにかわりないとスピノザは言う。「偽りの宗教」の例として出されるのが、トルコの専制君主政治である。そこでは人々は思想信条の自由を奪われ、まるで家畜のように導かれる。それはそれでセキュリティの効率がいいかもしれないが、「真の宗教」をいただく我らがオランダ共和国にふさわしいやり方ではない。共和国では宗教の制度化は思想信条の自由の保障とセットにしないと効力を持たない。それが「統治の平和と敬虔」を維持する最良の方策である、と。そしてこれこそが『神学政治論』のメインテーマなのだと言っているわけである。(9)

トルコの専制君主制ですら迷信によって民衆を支配するのではなく、むしろ迷信のもたらす危険に対処するための宗教の制度化をともなうということ。これはフランセの訳ではまったくわからない。フランセは宗教は迷信で迷信は民衆支配の手段だと思いこんでいるのであろう。(10)それで、この序文を戦闘的な迷信批判として読んでしまった。その結果はひどいものである。ほかの部分にも無理が来て、ほとんど改竄のような訳をしてしまうことになっているということは別にしても、肝心な『神学政治論』の主題が、威勢のよい迷信批判のトーンで見えなくなってしまっている。スピノザは、「宗教」は民衆を支配する迷信的なイデオロギーだと言っているのではない。逆であって、統治は常に迷信的な民衆という火種を抱えている。だからこそ「宗教」の制度化によってこれに対処するほかない。その対処法が問題なのだと言っているのである。

ちなみに「迷信」(superstitio)と「宗教」(religio)がもともと対立概念であることは、バンヴェニストの語源的研究をまつまでもない。ここでスピノザが引用しているクルティウスは、とくにこの対立語法を意識して用いた史家であることを付け加えておこう。クルティウスは当時オランダ共和国でリベラルな知識人たちによく読まれていた。スピノザ自身、こうした話は「誰もが知っている」ことだと断っている[11]。

奇蹟論

さて、次は「奇蹟」という語についてである。主に第六章を中心に見ていくことになる。スピノザは自然法則に反して、あるいは自然法則を超えて何かが起こるなどということはナンセンスだと考え、そういう反自然的ないし超自然的な出来事の存在は否定する[12]。しかし他方、スピノザは、奇蹟として経験された出来事は実際に起こっただろう、そういう経験があったとしても不思議でないとも言う[13]。スピノザは奇蹟など存在しないと言っているのだろうか? それとも奇蹟はあったと言っているのだろうか?

ほら、やっぱり『神学政治論』は二重言語を操っているのだ、と言われるかもしれないが、その前に、まず、ひとつの区別について押さえておかねばならない。それは、聖書の奇蹟物語の語り手、それと、奇蹟物語を口実に合理的な考え方を封じ込めようとする者たち、この区別である。預言者をはじめ奇蹟を目撃したらしい古代のヘブライ人たちと、聖書を振りかざして理性を恫喝するスピノザの時代の「民衆」(vulgus)、といいかえてもよい。いずれもが奇蹟について語っているわけだが、その意味はまったく違うとスピノザは見ている。

たとえば、ヨシュア記に出てくる太陽の停止という奇蹟がある。スピノザはそういう出来事は十分生じ得ただろうと考える。そのとき空中に多量の雹が存在していたという言及がヨシュア記にある。この異常気象が強い光線屈折を生じさせ、日照が長時間にわたったことはあり得る。それをヨシュアは太陽の運行停止として信じたのだ、と。しかし科学的説明を与えることがスピノザの眼目なのではない。むしろポイントは、ヨシュアをはじめ古代のヘブライ人たち、すなわち奇蹟の語り手は科学者ではなかったわけで、はじめから自然法則などには無頓着であった。だから彼らが言いたかったのは奇蹟は自然法則を超えているということではなかったはずだ、ということにある(14)。

スピノザの分析はなかなか面白い。ヨシュアの物語のように、たしかに奇蹟物語は太陽や月、大地、水、大気などを意のままに支配する神について語る。しかしそれは、神の超自然的な力が介入して自然法則を一時的に無効にする、ということを言おうとしているのではない。そうではなく、太陽とか月のような眼に見える神々を崇拝する異教徒たちに対して、自民族の見えざる神がいかに優越しているかということを示そうとしているのだ、とスピノザは言う[15]。自民族の優位を確認することが奇蹟の問題なのであって、そこには自然法則で説明できない神の超自然的介入という話はそもそも問題としてすら生じていない。これがスピノザの奇蹟の意味解釈である。

ところがこれに対し、奇蹟は神の超自然的な力の介入であって、これこそ神の存在の証拠だと言い立てている連中がいる。それがスピノザの言う「民衆」であり、民衆とつるんだ神学者たちである。十七世紀当時の共和国の識字率の高さ、オランダ語のパンフレット類の多さを見れば、神学論争の蚊帳の外に「民衆」がいたはずはない。スピノザは彼らの動機が「自然的知識を尊ぶ人々への反感」にあると見抜いている[16]。哲学する自由と思想の自由への、恐れの混じった反感である。そのような反感はいにしえの聖書の民のものではない。スピノザが「民衆」について語るときたいていは現在形を用いていることに注意しよう。その反感は、自然的知識が伝統的な信仰に対する脅威のように問題視され、まるで自然的知識によって自然研究を行うことが不敬虔で「神を否定する」ことであるかのように非難されるような時代、すなわち近代というスピノザの時代の民衆のものなのである。

彼らは神の力と自然の力を実体的に別々のものと考え、神の力が働いているときは自然の力は停止しており、自然の力が働いているときは神の力は介入してないというふうに想像する。そしてそういう介入、つまり奇蹟は自然的光明では理解不可能であって、だからこそ超越的な神の存在を証拠立てるのだと考えている。[17] スピノザはある書簡で、こうした超越的な神の介入としての奇蹟という考えはヘブライの伝統とは無縁の「新しい種類の証明法」のでっちあげであり、「古代のヘブライ人たち」とは無縁な「近代のキリスト教徒たち」(Neoterici Christiani) の勝手な見解だと言っている。[18]

スピノザ自身は、聖書の語る奇蹟は「自然的な事柄」であるという自分の見解は古代のヘブライ人たちの考えからそうかけ離れていないと見ている。もちろんそう考える理由は同じではないが。それに対し、むしろ「近代のキリスト教徒たち」の自然理解こそ聖書の精神に外れる。一切が人間がその一部分である自然の運行として生じ、その一切が神の業である。これが古代のヘブライ人たちの全能の神の考え方であったとすれば、[19] 自然がなしうる事柄に限界をもうけ、この限界を超えるときが神の出番だと考える近代の見解のほうが反聖書的である。[20] スピノザはそう考えているのである。

整理すると、こういうことである。スピノザは奇蹟が「自然的に起こった」ものとしてはあり得ただろうと肯定する。もちろん、実際に目撃された事象がどんなものだったかということと、目撃者がそれをどのように意味づけたかということは区別しなければならないし、文字どおりの意味に取る前に古代へブライ語の言い回しを知っておかねばならず、場合によっては目撃者の幻視の素質をも考慮しなければならない[21]。しかしいずれにせよ、自然法則に反する超自然的介入を証拠立てようとして奇蹟物語が語られているわけでないこと、これは確かである。それに対し、超自然的な介入の証拠という意味での奇蹟はスピノザは認めない。それはそれ自体でナンセンスであり、しかも奇蹟物語の精神を捉え損なったこの時代の群集の憎悪の表現なのである、と[22]。

ちなみに、なぜスピノザは奇蹟論だけは聖書の啓示でなく自然的光明、つまり合理的な推論という方法を取ったのか、よく取りざたされる。聖書にのみ基づいて解釈すると言いながら、おかしいじゃないか、と。これに対する答えは、以上から自ずと見えてくる。それは、先ほど述べたように、はたして自然法則に反することが起こりうるか否か、という問題自体が思弁的であって、聖書の奇蹟物語の言おうとしている事柄と無縁であるという認識をスピノザは持っていたからだ、という答えである。奇蹟の語り手は学者ではないので、そんな思弁的問題の決着の根拠を聖書のテクストに求めること自体が間違っている。したがって、奇蹟は自然的な事柄であって超自然なんかなくていいという議論は、哲学的にやるしかない。聖書のテクストから言えることはせいぜい、聖書の語り手たちが奇蹟を自然的な事柄と見なしていたと考えて不都合がない、というネガティヴな証拠にとどまる。[23] 奇蹟論で聖書のテクストがあくまで傍証にしか用いられないゆえんである。

これはまた、奇蹟物語をいくらほじくり返しても神の思弁的概念は与えられない、という彼のもう一つの主張[24]と呼応している。むしろスピノザは奇蹟物語を個々の歴史的なコンテクストに置きなおしてその「意味」を読みとろうとする。奇蹟の「意味」は、超自然か否かといった哲学ないし神学の思弁的問題とは別なところにある。次に見るように、その意味は統治の命運と密接に関わっているとスピノザは考えていた。

奇蹟と迷信

このように見てくると、どうして『神学政治論』が聖書の奇蹟物語を迷信だと言わないのか、そのわけが分かってくる。奇蹟物語を敬遠して見て見ぬふりをする必要はないし、あるいは過剰反応して、たとえば先のヨシュアの奇蹟物語のうちに、科学的な地動説、つまり太陽は動かないという証拠をこじつける必要もない。そうスピノザは主張する。[25]

いったい、そんなことをする人は何を恐れているのか？　スピノザはそこに、彼の同時代の民衆や神学者、そして「より賢明な人々」[26]さえもがとらわれている偏見を見ている。それは、序文でも言われているように「敬虔」の名の下に人々の心に深く根ざしている偏見、すなわち、自然的光明による探求を進めていくと超自然的なものが抹消され、聖書の信仰をダメにしてしまうのではないかという偏見である。この偏見のために、奇蹟物語を敬遠したり過剰反応したりするはめにこの時代のみんなが陥っている。しかしそれは、そもそも自然の力と神の力を別々に想定するところから出てくる偽問題であるとスピノザは言いたかったのだと思う。そうした偏見は近代のキリスト教徒たちが持ち込んだ非聖書的な歪曲にすぎない。自然か超自然かという問題はそもそも聖書が言おうとしていることとは無縁であるし、自然の力能にリミットを設けること自体が恣意的だとわかれば、神の業がすべてそのまま自然の業だ、すべては自然の秩序に従って生じる、と言って何も恐れることはない。いやそれはむしろ聖書の奇蹟物語の精神に何ら齟齬しないのだ、と。(27)

そして、そんなありもしない問題を聖書からでっちあげ、恐れをまき散らしている言説、これがスピノザの言う今日の「迷信」なのである。スピノザは語気を強めて言っている。異教徒に説教したパウロを除けばユダヤ人に説教した使徒たちは皆、哲学的思弁を交えずに宗教を教えた。まったくわれわれの時代も、そんなふうにあらゆる迷信から自由だったらどんなに幸福であっただろう、と。(28) スピノザが超自然云々といった聖書的伝統に異質な哲学的思弁のことをここで「迷信」と呼んでいるのは明らかである。つまり、「奇蹟」を口実にして伝統宗教を思弁でダメにしているのが「迷信」だ、ということである。序論でスピノザが、民衆の心がとらわれている迷信を「異教徒の迷信」(Gentilium superstitio)[29]という言葉で言っているのに注意しよう。それは聖書的伝統との思弁の異質性を意味してるのである。

だから、スピノザが奇蹟を迷信よばわりするはずがない。スピノザにとって奇蹟は迷信ではない。いやむしろ迷信は奇蹟がいかなる経験であったかを知ろうとしないのである。

では奇蹟は何を意味するのか？ そしてスピノザはその意味を、迷信とどのように関係づけているのか？ 答えの鍵となるのは、「大いなる危機」(magna pericula)[30]、「統治の艱難」(imperii angustiae)[31]などとスピノザが言っている、統治の命運だと私は思う。『神学政治論』第三章、第十八章のヘブライ国家論を覗いてみなければならない。

スピノザは実によく歴史を見ている。聖書の歴史物語をつぶさに検討し、ヘブライ人たちの国家がどのような命運をたどったかをあとづける。エジプトからの脱出があって、まずモーセが啓示を受けて制定したヘブライ神政国家ができる。とにかくそれは大変巧妙にできた律法体制で、人々の自発的な服従をうまく引き出すようになっていた。後に『政治論』で言明されるように、統治権の力能は群集の共同の力能によって定義されるわけで、当然内政がうまくゆき、国力が盛んになる。たまたま状況も幸いして、そうした国家は大きな危機を乗り越え、思いがけず予期もしない成功を見る。モーセを始め、当人たちはそれが自分たちの差配でそうなったとは思えないので、自分たちには神が味方についているのだと感じる。危機の乗り越えという出来事は、神のみわざ、奇蹟と見なされたであろう。実際、この時期に数多くの奇蹟が示されたのだとスピノザは言う。(32)

ところがやがて氏族連合の平等が崩れて騒擾と内乱が起こりはじめ、結局ヘブライ人たちは王を求めるようになった。そのときから偽預言者も含めて預言者の数が異常に増え、民衆を背景に王をかつぎ上げたり引きずり降ろしたりするようになった。(33) こうしてヘブライ国家は落ち目となり、ついに滅亡する。そしてこのヘブライ国家の「影」のような第二国家が再興され、祭司権力が民衆を引きつけようとしてモーセの律法を恣意的に解釈するようになり、「迷信」の熱狂と分派の時代がやってくる。(34) スピノザはこれを「宗教から迷信への堕落」と呼んでいる。(35)「統治の艱難」、すなわち統治権が逼迫した状況になると、民衆は神の怒りをなだめるための犠牲を探し求める。奇蹟でなく迷信の時代がやってくるのである。スピノザの時代、そのターゲットは哲学の自由を擁護する人々だった。やれペストがはやり、やれ天変地異が頻発し、やれ国際情勢がきな臭くなると、それ見たことか、思想の自由を吹聴し超自然的なものを軽んじる昨今の不敬な共和主義的風潮がこうした神の怒りを招いたのだと、説教師や神学者を先頭に言い出すのである。スピノザの奇蹟論が対峙しているのは、まさにこうした同時代の迷信であった。

つまりこういうことである。「奇蹟」はある統治の宗教政治体制がたまたまうまくできていて、当人たちも思わぬ「危機」克服と幸運な展開を示していることの証左であり、「迷信」はそうした体制がうまくできておらず、統治が息切れしていることの証左である。統治権の逼迫がひどくなればなるほど迷信とその煽動者が民衆を支配するのだ、と序文が言っていたのはこのことである。(36) もっと言ってしまえば、「奇蹟」と「迷信」は、群集の力能によって定義される統治権の力能の、いわばバロメーターのようなものであって、それは当人たちの思いを超えてすでに及ぶところまで及んでいる自然の力能のひとつのあり方だ、そうスピノザは考えていたのではないか。もちろんスピノザは共和国のために奇蹟を請い求める者ではない。しかし、彼が後の『政治論』で、当人たちの思いを超えて正しく機能する国家機構の探究に携わったことをわれわれは知っているのである。

宗教は迷信だ、奇蹟は迷信だなどと言っているような単純な啓蒙主義的図式では『神学政治論』は歯が立たないということは、今や明らかであろう。『神学政治論』は面白い著作である。われわれはそこに、哲学を構築しつつあるスピノザでなくて、哲学を使っているスピノザを実地に見ることができる。それだけに、この著作は難しくもある。

Ⅲ　『神学政治論』と現代思想

第1章　アルチュセールのイデオロギー論とスピノザ

なぞなぞから始めよう。

「自分には外がないのに、自分は外にしかいないもの、なーに？」

答えは「イデオロギー」である。

この奇妙なものをマルクスに先立つこと二百年前、ただ一人「完璧に説明していた」人間がいたとアルチュセールは言う。それは十七世紀のオランダに現れ、『エチカ』や『神学政治論』を遺していった、あの「神即自然」の哲学者、バルーフあるいはベネディクトゥス・デ・スピノザのことである。彼自身がそう言うのだから、スピノザによってアルチュセールのイデオロギー論を説明するという時代錯誤も、冒すだけの値打ちはある。そうすることによって、アルチュセールにとってこの哲学者がどんな位置にいるのかも判るだろう。

スピノザの影

スピノザの名はアルチュセールの書いたものに頻出する。だがそのわりに、スピノザ研究と言えるようなまとまった論考はない。比較的まとまったものとしても、*Éléments d'autocritique* の中の「スピノザについて」という章、*L'Avenir dure longtemps* のスピノザに関する断片的試論ぐらいのものだろう。この不釣り合いは、アルチュセールがスピノザ「を」問題にしたのでなく、スピノザ「で」問題を考えたのだということを示している。実際、彼は告白している。われわれは「構造主義者」として非難されたが、それは見当違いだ。われわれはまったく別なひとりの人物を念頭に置いていた。流行にしか目をやらない連中にはそれが見えなかっただけである。それが誰であったか明かそう。「われわれはもっと強力でしかもわれわれの評判を危険に曝すようなある情熱の咎を負っていた。われわれはスピノザ主義者だったのである」[1]。

たしかにこれは、スピノザ主義の情熱が「理論偏重主義」につながったという自己批判として語られている。しかしそこには、スピノザ主義を悔い改めるというより、むしろ見当違いの軽犯罪で逮捕された確信犯が不本意を憤り、自らの真の犯罪を誇り高く告白する、といった趣がある。おそらくアルチュセールは、生涯スピノザ主義者であることをやめなかった。

彼は晩年、回顧して言う。パスカルにはまだカトリックだった頃から馴染んでいた。跪いているうちに信仰が生じるというパスカルの鋭利な「結果の論理」には見るべきものがある。だがスピノザは、読んでもすぐには理解できなかった。それだけに、理解されてくるとその啓示は絶大だった。アルチュセールは自分の見いだした唯物論の重要な発想が、すでにスピノザの中に書き込まれていたことに、今さらのように気が付く。「私にとってこうしたことはみな、スピノザの思想の行間に書き込まれていた。いやむしろ、少しずつそうなっていったのである(2)」。

アルチュセールが魅せられたのは、スピノザの思想が持つ強力な逆説だった。「まず私はスピノザに驚くべき矛盾を見いだした。定義・公理・定理・系・補助定理そして演繹による幾何学的方法でもって推論するこの男、したがっておよそもっとも「独断論的」な仕方で推論するこの男が、実はたぐいまれな精神の解放者である、という矛盾である」。そしてその「戦略」の大胆さ。自身はおそらく無神論者なのに、スピノザは神から始める。ちょうど敵の砲台を真っ先に急襲し、敵の大砲をくるりと占領者に向け返すように。(3)アルチュセールはこうした逆説に魅了される。独断論によって精神の自由を作り出すこと。「神」から始めることで神学から最も遠い対蹠地－唯物論に降り立つこと。スピノザには過激で極端なところがある。だが極端なところから始めなければ決して切り開かれ得ない思考もあるのだ。アルチュセールはスピノザから啓示を受け取る。そして彼がスピノザから得た逆説のおそらく最たるものが、われわれがこれから見ようとしている「イデオロギー」の概念である。「イデオロギーには外がない、と同時にイデオロギーは外にしかない」、「イデオロギーには歴史がない」、「イデオロギーは永遠である」(4)。これらのテーゼはスピノザからやってくる。

スピノザの「イマギナチオ」論

「イデオロギー」という言葉はもちろんスピノザにはない。だが、その言葉にアルチュセールが新たな切断を持ち込むとき、その新たな概念は、たしかにスピノザにある。それは『エチカ』が「イマギナチオ」(表象作用＝表象知)と名づけているイマジネールなものの概念である。

イデオロギーはふつう、現実を歪曲して表現している誤った幻想というふうに考えられてきた。もしそうならば、歪曲の原因を突き止めればすべては解決する。それは、都合のいいように現実を隠蔽すべく幻想を吹き込む支配者たちのせいだ。これは十八世紀啓蒙主義の答えである。もう少し洗練されると、それは人々の生活の現実そのものが疎外されているからだ、という答えになるかもしれない。これはフォイエルバッハや若きマルクスの答えである。いずれにせよ、こうした歪曲の原因を除去すれば、イデオロギーは消失するだろう。イデオロギーは各人の頭の中の誤った観念にすぎないのだから。

しかしそんなふうに、来るべき階級なき・疎外なき社会においてイデオロギーはめでたく消滅すると考える、そのこと自体がイデオロギーの中にあるとアルチュセールは言う(5)。どういうイデオロギーの中にか?　それは、イデオロギーの内部にいる限り決して問われることのない自明性、すなわち、われわれは自分の考えに従って自分で行為しているという自明性である。われわれが「主体」であるという、この一見自明な信憑こそが、実はイデオロギーかもしれないのだ。

スピノザが啓示を下すのは、ここである。「人間たちは自分が自由な存在であると考える点で誤る。こういう考えは、彼らが自分の行為について意識していながら、自分たちが決定されている諸原因を知らないということにのみ存する(6)」。人間は自分の衝動を意識しているが、衝動をしかじかの作用へと決定している原因は知らない。そこで人間は、自分がしかじかのことを欲するがゆえに、その「目的」のために自分でことを為すのだと信じる。

スピノザにとって、これは「意識」が意識として存在する限り脱出不可能な必然的構造である。『エチカ』の驚くべき証明を見るがよい（第一部および第二部）。在りて在るものは神だけである。万物はすべてこの神的実体においてある。人間はこの唯一絶対の実体のローカルな表現、有限様態にすぎない。神的実体はその無数の属性ごとにそっくり自己を反復する。無限な延長属性においては、われわれの身体が有限様態の無限な決定連鎖によって存在と作用へと決定される。これと同じことが思惟属性でも反復され、われわれの身体についての観念が他の無数の観念からなる決定連鎖によって存在と作用に決定される。神の中にあるこの「身体の観念」が、われわれの精神に他ならない。つまり身体と精神は同じものの異なる反復として、同一の因果連鎖に従って並行的に存在するわけで、それゆえ精神は身体を決定しないし、身体が精神を決定することもない。――これがスピノザの、いわゆる「心身並行論」である。が、間違ってはならない。精神である「身体の観念」（とその観念の観念）はそれ自身が神の中での結論観念なので、この結論を帰結する前提諸観念を必然的に欠いている。したがって精神は自分の身体が何であるか、また精神自身が何であるか知らず「認識しない」。ただ身体に引き起こされる刺激状態を通じて、自己と世界を「前提を欠いた結論」のように知覚しているだけである。[7] とすれば、意識は身体が何を為し得ているのか知らないし、その分また、精神が何をなし得ているのかも知らない。知覚世界はまさにそうした無知の上に成り立っているのである。ということはつまり、心と身体の対応は、その真理が知られないという条件でのみ意識にのぼる。いいかえれば心身並行それ自体は意識の外でのみ起こっているということだ。私は手を挙げる。だが私の身体が手を挙げるとは決して言わない。これがその証拠である。

スピノザのあげる例を見てみよう。いくら何でも精神による導きなしに身体だけで立派な神殿を建てたりはできまいという反論に対して、スピノザは、いや、できるのだと言う。身体たちは身体たちだけで、まったく物理的な因果決定に従って群れ集いながら神殿を建てる。だが精神たちはこのことを、それぞれ自分が自分で身体を動かして協力しあったのだと表象する。(8) したがってこう言わねばならない。スピノザの「心身並行論」は、心理状態が脳状態と並行的に対応している、というトリビアルな議論ではない。われわれの振舞いは諸身体が連接しあって一挙に全体として生じさせている物質的事柄の一部分にすぎないのに、個々の意識の中ではそれが、自分を中心にし自分から発した行為として表象される――そうした、対応どころかむしろ必然的な齟齬、意識の複数性と物質的出来事の唯一性との齟齬の構造をそれは言っているのである。われわれは身体が身体だけで何を為しうるのか何も知りはしないとスピノザは言う。ひとつづきの物質の中で身体たちが一緒になって何ができているのかわれわれは知らない。その知らない分、われわれは自分の精神が意識の外で何をしているのかも知らない。そしてこの知らないということが、それ自身実践的に否認され続ける。なぜなら、われわれは心身並行体の一切の振る舞いが生じてくる「衝動」を、それと知らずに自分の欲望や意志、そして「目的」に転倒させ、身体が諸々の身体たちと衝動のままに勝手にしていることを、イマジネールな「自我」を中心とした自己意識として生きるからである。(9)

これがスピノザの「イマギナチオ」の理論である。「私はすぐにイデオロギーに関するおよそあり得る理論のマトリックスをそこに見た」とアルチュセールは言う。すなわち、スピノザによればイマギナチオはあらゆる知覚・あらゆる行為・あらゆる対象そしてあらゆる意味の中心に主体を置き、そうやって事物の秩序を転倒させる。というのも実在の秩序は諸原因による決定のみによって説明されるのに、イマギナチオの主観性はすべてを諸々の目的によって、つまり自身の欲望と期待の目的という主観的な幻想によって説明するからである。これは「原因を目的に転倒させる装置」すなわち表象世界を始動させることであり、世界を転倒させることだ。人間はそうした「生きられた世界」の中で自分をその中心だと思いこみ、「統治の中の統治」、世界の意味の主人(コギト)となる——実際には世界の秩序の決定に完全に服しているというのに。(10)

スピノザが教えるのは、そうした転倒した世界である。「精神の自由な決意で話をしたり黙っていたりその他いろいろなことを為すと信じる者は、目を開けながら夢を見ている[11]」。「イマギナチオ」は、あまりに現実的すぎて自分が夢であることに決して気づくことのない「目を開けてみる夢」のようなものだ。目を開けながら見る夢には外がない。この夢の外にはいかなる「生きられる世界」もあり得ないのだから。と同時に、この夢そのものは外にしかない。この夢が決して見ることのできない外に、この夢自身の存在はあるのだから。

イデオロギーの構造

こうしてわれわれは、最初のなぞなぞに戻ることができる。

まず、「イデオロギーには外がない」。

誰かが「おい、そこの君！」と後ろから声をかけてきたら、われわれは自分が呼び止められたと思って振り返る。この身体の一八〇度の回転は路上で起こる。だからわれわれは、一部始終が外の現実で起こっているのだと考える。だが、それが目を開けながら見る夢の中で起こっているということにかわりはない。「そのようにイデオロギーの外で（つまり、まさに路上で）起こっているように見えることが、実際にはイデオロギーの中で起こっているのである」[12]。だから、「実在世界」が外にあって、それを人間が頭の中で歪曲して思い描いている、というのではない。イデオロギーが表象しているのは世界ではなく、「人間が自分自身の現実的な存在条件に対して持っているイマジネールな関係」――いつでも「呼び止め」に応じて振り返り、行為の目的や動機を釈明すべき存在として世界に関わっているという、そのイマジネールな関係なのである。[13]スピノザが齟齬の構造で説明していたように、この表象は必然的に、自らがイデオロギーであるということを否認する。世界に対する生きられた関係が〈意識的〉なものとして現れるのは、「それが無意識的であるという条件においてでしかない」[14]とアルチュセールが言うのはそのことだ。われわれは自分が外にいるかのような夢を見ているので、それが夢の内部であることを知らない。それゆえ、「イデオロギー」はどこまで行っても内部であって、その意味で「外がない」。外は「生きられる世界」という内部からは到達不可能な限界なのである。

次に、「イデオロギーは外にしかない」。

いま見たように、人は自分がイデオロギーの外に、外部の現実のただなかにいると信じるまさにそのときに、イデオロギーの内部にいる。いま主体が夢見ているその「外の現実」を〈現実1〉とすれば、この夢自体がそのうちに存在している〈現実2〉がある。スピノザの例でいけば、各人は自分の意識が夢見る〈現実1〉の外、つまり〈現実2〉の中で群れ集い、自らの知らない身体で神殿を建ててしまう（われわれは身体と精神の並行体が何を為し得ているのか知らない）。彼らがイデオロギーの内部で転倒して表象していることを、彼らの心身並行体は物質世界の中で行ってしまっている。いいかえれば、イデオロギーは自らが〈現実1〉の中にいると信じながら、同時に自分の知らない仕方で〈現実2〉の中にいる。この意味で、「イデオロギーは物質的な存在を有する」[15]。

　したがってイデオロギー自身の存在は、観念論的イデオロギーが考えているように「頭の中」にあるのではない。それは生産諸関係への身体の絶えざる組み込みという外、すなわち《「頭の中」にとっての外》の外（〈現実2〉）にある。主人に呼び止められて棟梁が振り返り、棟梁に呼び止められて徒弟が振り返り、そうやって皆が互いに呼び止められあって物質を手渡しながら神殿を建てる。それは心身並行体がある実践の中で「ひとりでに動く」ようになる、規律訓練の装置だ[16]。イデオロギーはその「ひとりでに動く」ことを——スピノザの言葉を用いれば——「精神の自由な決意」だと誤認し続け、まさにその誤認によって学校だの教会だのといった身体たちの組み込まれる物質的なイデオロギー装置を作動させる。イデオロギーはだから「頭の中」にあるのではない。われわれの思いを越えて外にある。「イデオロギーは外にしかない」。

　こうして、イデオロギーが何をしているのかが判明する。それは「諸々の個体を主体として呼び止める」[17]のである。ふと気が付くと、私はすでに路上におり、誰かが私を呼び止めている。この現実（〈現実1〉）は常に・すでに始まっていて、私はそこから出ることができない。それというのも、ラカンの教えるように最初の呼び止めに振り向いたそのとき、すでに私は「主体」になってしまっていたのであり、それが自己意識というもののはじまりだった以上、それ以外の「生きられる世界」は誰にも不可能だからである。したがってイデオロギー一般は「歴史を持たない」。それは「永遠である」。主体による、主体のためのイデオロギーでないようなイデオロギーはない。歴史上の様々なイデオロギーは、すべてこの「イデオロギー一般」によって支えられている。[18]

これがアルチュセールによるイデオロギー論である。「イデオロギーは外を持たない（それ自身にとって）、と同時に、イデオロギーは外にしかない（学知と現実にとって）」。そして「このことをスピノザは完璧に説明していた……」[19]。

独断論的スタイル

こう見てくると、アルチュセールのイデオロギー論がなぜ「テーゼ」という独断論的なスタイルを取っているのか、そのわけが判ってくる。

「生きられる世界」が外を持たないとすれば、いくら生きられた経験を内側から吟味し反粉したところで、「それ自身の外にある」イデオロギーの存在は見えてこない。定義からしてイデオロギーは外にあるものとしては生きられ得ないのだから。そこで「独断論」が意味を持ってくる。イデオロギーのこの閉ざされた内部から認識によって一挙に外に身を置くことを可能にするもの、それが「独断論」なのである。

ここでもアルチュセールはスピノザに支えを見いだす。「真理」とは、知っていることと知られている事物との一致である。そんなふうに想定すれば、一致してるかどうか言うための規準を求めざるを得ない。だがその規準が真の規準だという規準はどこにあるのか？　そしてその規準の規準が真の規準であるという規準は？　この無限背進を黙らせ口を塞ぐために、神やコギトといった超越的ないし超越論的な「真理の保証人」が登場するのは目に見えている。スピノザははじめから、真理の規準というこうした認識論の発想を一切退けていた。いわく、「真理であることが確かになるためには、真の観念を持つこと以外、何ら他のしるしを必要とはしない」。なぜなら「私が知るためには知っていることを知る必要がないからである」。そして「われわれは実際、真の観念を持っている」[20]。ここには真なる思考に関する、遡及なき事実性という考えがある。「判断の主体」も「判断の基準」も存在しない。あるのはわれわれの目から鱗が落ち、振り返らずに先に進むことのできる真なる思考だけだ。「光が光自身と闇とを顕すように、真理は真理自身と虚偽との規範である」[21]。スピノザのこの「独断論的」な定式のうちに、アルチュセールは認識論の罠から身を守るすべを見いだす。すなわち、個々の思考の外部にあらかじめ基準を想定して真理と虚偽を「分割」するのでなく、むしろ、これまでは自明のごとくに見えていたものがそうでなかったと判明するような、そのつど新たな「切断」として真なる思考を考えること。真なる思考を権利や法に基づく「判決」としてでなく、絶えざる係争過程、「訴訟」(procès)として考えること[22]。

生きられ得ない外を思考できる者でなければ、自分がイデオロギーの中にいることすら判らない。「私はイデオロギーの中にいる」とか「私はイデオロギーの中にいた」と言うことに意味があるとすれば、それはこうした「独断論的スタイル」によってイデオロギーの外に一挙に身を置く思考にとってのみである。そしてそういうことができるのは「スピノザ主義者とマルクス主義者」だけだとアルチュセールは言う[23]。実際、スピノザの『エチカ』は「主体」からも「生きられる世界」からも出発しない。それこそ証明も何もない「定義」と「公理」からいきなり出発する「独断論」である。そこから「定理」が導き出されあの神的実体や心身並行体などが幾何学的証明によって演繹されるが、だれもそんなものを見たことはないし、「生きられる世界」として経験した者はない。だがまさにそうした定理によってスピノザは、なぜわれわれがそれを生き得ないかを示す。われわれの生きられる世界という内部の限界を、外からそれは指し示すのである。「それが立てるテーゼは一見恣意的で経験的検証にもとづかないように見えるが、それは既存のテーゼから自らを区別することによって新たに自由な空間を切り開く。あらゆる意味や真理認識の経験は超越論的主観によって保証されるとするデカルトの考え方を、スピノザはその独断論的スタイルそのものによって打破する」。すばらしい「事実性の必然の哲学」だ。[24]

アルチュセールはスピノザ的独断論の秘密を手にする。科学を経験的実証科学という意味で言うなら、哲学はそうした科学的真理には関わらない。哲学は「テーゼ」を立てる。そのテーゼの正しさは、もっぱらそれが、「主体」というカテゴリーによる現実の隠蔽を打破できるかどうかにかかっている。アルチュセールは晩年の対談にこう注を付けている。「真理」というものは、既成秩序を保証するという機能を持った、宗教的・イデオロギー的な神話である。それに対し、「正しい」とは、実践との関係を提起するものである。哲学を構成する諸テーゼは、いかなる科学的な検証のきっかけにもならないが、なおかつある種の合理的正当化のきっかけとなる。したがって、そうした正当化を「正しい」と評価することは可能である……云々。[25]

こうして、「イデオロギーは永遠である」という、あの一見不毛そのものに見える独断論的テーゼが、実は諸々のイデオロギーに対して終わりのない闘争を可能とする立場表明であることが見えてくる。イデオロギーはそれ自身にとって外がなく、それ自身は外にしか存在しないということ、このテーゼは定義からして経験の領域を越えた独断である。だが、そのように断言することがイデオロギーの自己否認を暴き、それが現にいかなる存在と機能をもっているかを明らかにする。イデオロギーの消滅だとか終焉だとか言う者こそがイデオロギーの中にある、という指摘を思い出そう。あらゆる神学と闘う自由のためにスピノザが「神」を全面化したように、あらゆるイデオロギーと闘う自由のためにアルチュセールは「イデオロギー」を全面化する。「イデオロギー的でないような主体はない」――そう言いうる者のみが「正しい」主体であるという、まことにスピノザ的な逆説である。

スキャンダル

永遠なるイデオロギーの中にあって、しかも同時に、イデオロギーの外に立つこと。この逆説は人を躓かせずにはいなかった。

あなたも私も、つねにすでに主体であり、そうでないことはできないとアルチュセールは言う。われわれはそのことを「自明性」として、日々の慣習（たとえば挨拶など）という物質的な実践において「再認」しあっている。「この再認がわれわれに与えるのはイデオロギー的な再認というわれわれの絶えざる実践（永遠なる実践）についての《意識》だけ」であって、「この再認のメカニズムについての《認識》（学問的認識）を与えるわけではまったくない」。ところで——とアルチュセールは言う——「もしイデオロギーの内部、イデオロギーのただ中で語りながら、しかもイデオロギーと決別しようと試み・イデオロギーに関する主体なき学問的言説の先鞭とならんとするような言説の輪郭を描こうとするなら、まさにそうした学問的認識にこそ到達する必要がある」[26]。いいかえれば、われわれが見てきたようなテーゼに到達したとき、人は「イデオロギーのただ中で語りながら」、なおかつ「主体なき学問的言説」を語ることができる、つまりイデオロギーの内部にあって、しかもイデオロギーの外に身を置くことができる。

「反ヒューマニズム」の立場を取ることによって「ヒューマニズム」を救うことができるとアルチュセールが言うとき、それはこの論理に従っている。「あるイデオロギーが認識されたからといって、そのことで、そのイデオロギーが消え去ってしまうなどとは、マルクスは決して考えたことがなかった」。なぜなら、このイデオロギーを認識することは、ある所与の社会においてこのイデオロギーを可能としている条件、その構造、その種差的な論理、その実践的な役割などを認識することであり、同時にそれを必然としている条件を認識することに他ならないのだから。「だからマルクスの理論的反ヒューマニズムは何らヒューマニズムの歴史的存在を抹殺するわけではない」。それどころか、新しいヒューマニズムをそれが存在するための条件と結びつけ、「イデオロギーとしてのヒューマニズムの必要性、条件付きの必要性を認める」。たとえ「階級なき社会」になっても「大衆の表象体系としてのイデオロギー」は必要不可欠である。「階級のない社会が、人間の《意識》、すなわち、人間の態度と振る舞いを変化させて、それらを人間の努力とその存在条件の水準にまで到達させるのは、イデオロギーにおいて、しかもイデオロギーによってなのである[27]」。

われわれはこれとそっくりの論理をスピノザの内に認めることができる。「イマギナチオは真なるものが真であるというだけで、その真なるものの現前によって消失するわけではない」。イマギナチオに関する理論をわれわれがものにしたからといって、それで「目を開けて見る夢」が消失するわけではない。太陽との天文学的な距離が見かけよりずっと遠いと認識したからといって、それで太陽が別なところに見えはじめはしないように。なぜなら、イマギナチオはその表象している事柄に関しては虚偽であるが、それ自身の物質的存在においては常に真なるものである。それは現実に身体が刺激されるその仕方について神の思惟属性の中に生じているやはり現実的な観念なのだから[28]。そこで『神学政治論』のスピノザは宗教というイデオロギーを、その表象内容の真理性においては退けながら、その物質的存在においては積極的に肯定する。預言者たちの語る神はイマジネールなものにすぎない。しかし彼らがそうした神の名のもとにしか「敬虔」を語ることができないようにさせていた条件は現実のものである。そしてその条件は、イマギナチオが消失不可能である限り、自由な共和国にとっての構成的な条件でもなければならないとスピノザは主張する。(29) 先の「ヒューマニズム」を「宗教」に置き換えてみよう。マルクスに関するアルチュセールの言説はそのまま『神学政治論』についての言説となるのがわかる。すなわち、「スピノザの無神論は何ら宗教の歴史的存在を抹殺するわけではない」。それどころか『神学政治論』は新たな「真の宗教」をそれが存在するための思想言論の自由という条件と結びつけ、「イデオロギーとしての宗教の必要性、条件付きの必要性を認める」。ここでおそらく、この二人の哲学者は三〇〇年を隔てて同じ人物の傍らにいる。それはマキャヴェッリである。『君主論』のこのフィレンツェ人にスピノザもアルチュセールも賛辞を惜しまなかった。

だから彼らが同じような困惑と道徳的非難を招いたとしても不思議ではない。『神学政治論』は秘かに無神論を説く策略の書と見なされた。「無神論」に立つスピノザがどうして聖書の擁護を主張できるのか、大方の者には理解しがたいことだったのである。それと同じように、「反ヒューマニズム」がどうしてヒューマニズムを擁護できるのか、当時共産主義をヒューマニズムと考えていたガロディのような知識人たちには理解不能だった。この論理を理解するには、あの「イデオロギーには外がない、と同時にイデオロギーは外にしかない」というテーゼを理解していなければならなかっただろう。しかしそのためには、マルクス主義者であるよりも先に、まずは「スピノザ主義者」でなければならなかったのである。「われわれはスピノザ主義者だったのだ」。

第2章　ネグリのマルチチュード論とスピノザ

いまやネグリと言えばマルチチュード、マルチチュードと言えばネグリである。ネグリはそのスピノザ的起源を隠さない。「マルチチュードについての言説の起源がスピノザの思想の転覆的（subversive）な解釈のうちに見いだされるのは明白である」[1]。彼の著作のひとつが『転覆的スピノザ』[2]と題されているように、ネグリの解釈の持つそうした転覆的性格はスピノザに由来する。われわれが知りたいのはスピノザのその転覆性である。ここではネグリを理解するためにスピノザにさかのぼるという道は取らず、むしろスピノザ自身が「マルチチュード」で何を考えていたのかを検討する。というのも、ひょっとするとスピノザの思考はネグリの言説にとってすら転覆的であるかもしれないからである。

「マルチチュード」の原語は multitudo,「数の多さ」、「群集」という意味のラテン語である[3]。はじめにスピノザによるこの語の使用を概観し、スピノザがそれで何を問題にしていたかを確認する。次に「群集の力能」によって統治権を定義する『政治論』の重要な箇所を検討する。最後に、スピノザのこうした思考がネグリのマルチチュードをめぐる言説にとって転覆的である可能性を指摘する。

問題としての「群集」

スピノザによる「群集」という語の使用は『政治論』に集中している。他の著作にはほとんどと言ってよいほど出てこない。『エチカ』は群集の意味での使用はゼロ。『神学政治論』で四箇所である。それに対して最晩年に未完で遺された『政治論』は六十九箇所。明らかに偏っている。ネグリはこの偏りにスピノザの思想の発展を見ている。汎神論的ユートピア冷めやらぬ『エチカ』第一部、第二部はまだ観念論的残滓を引きずっていた。それを中断する『神学政治論』は危機を構築的な力に変える集団的想像力の大地を見いだし、『エチカ』後半部を再開させる。そしてついにマルチチュードが、デモクラシーの終わりなき過程を構成する潜在的な力として『政治論』に姿を現す、というふうに。(4) 別な機会に論じたように、私はそれはかなり無理な読み込みだと思う。(5)『政治論』に「群集」の語が集中しているのは、むしろ他の著作では扱えない異質な問題を扱っているからであると思われる。異質な問題。それは *Tractatus Politicus*（『政治論』）というこの著作の題名が表すとおり、「政治的なるもの」とでも言うべき問題にほかならない。

『エチカ』に「群集」の語が現れないのは不思議ではない。エチカ、すなわち幾何学的秩序において論証された倫理の課題は「自由な人間」がいかなるものでありうるかを厳密な論証によって示すことである。この論理の延長上に政治的なものは出て来ない。理性に導かれる自由な人間は自己以外のなんぴとにも従わないとスピノザは言う(6)。自由な人間たちは自然的理性に導かれて必然的に一致し、スピノザの言う神の知的愛にともにあずかり、互いに最も有益な存在となる。命令と服従は彼らに無縁なのである。だから政治的なものが出てくるとすれば、それはエチカに無縁なところからでなければならない。人間が常に理性に導かれるならはじめから問題はない、が、現実はそうはなっていないと『エチカ』は注意する。人間は自然の一部分であり、嫌な天候が避けられぬと同様、ねたみや憎しみの感情に隷属し互いに対立しあう。したがって人間たちが一緒に生きていくためには、他人に危害を加えたくても思いとどまるようにさせる刑罰の威嚇、国家の威力が必要である(7)。見ればわかるように、明らかにこれはエチカの話ではない。政治的なものの論理である。スピノザの面白いのは、エチカとポリティカを異質なままにしておいて、哲学者がよくやるように弁証法的に綜合しようとしないことだ。国家の論理からすれば市民は自己の権利のもとにはなく国家の権利のもとにある。だが理性に導かれる人間はたとえ国家の法に服していても判断において自由であり、自己の権利のもとにある[8]。二つを媒介する必要などない。倫理と政治、エチカとポリティカの対象はそもそも同じ次元にないからである。エチカは一個の人間個体に何がなしうるかを問い、ポリティカは群集に何ができるかを問う。それら異質な問題対象を異質なままに組み合わせている一義的な存在、それがスピノザの「神あるいは自然」なのだ。したがってスピノザにとって政治的なものをエチカの語彙で語ることはカテゴリー・ミステイク以外の何ものでもない。もちろん知者たちの共同体が可能ならそれが一番望ましいのである。しかし「かくあってほしい人間」に訴える政治哲学は最悪である。『政治論』の冒頭をわれわれは何度も読み返さねばならない。「たいていの哲学者たちは倫理と称して風刺ばかり書き、実用に耐えうる政治学を一度も考えてこなかった。たとえ彼らが政治学を書いたとしても、空論とみなされるのが落ちであろう。あるいは、そもそも政治学がもっとも不要なはずのユートピアとか詩にうたわれる黄金時代とか、そういうところでしか実現できないような代物だろう[9]」。マキャヴェッリの慧眼を讃えるスピノザは、ネグリのように知的愛によって結ばれた人間たちのデモクラシーを語らない。民主制はすぐれて政治的なるものの領域に属する。「群集」はその領域にしか登場しない。

『神学政治論』でも「群集」の語は目立たない。『神学政治論』の問題は政治的なるものの論理ではなく、「敬虔」と世に言われるものの論理、モラルの論理である。当時のオランダ共和国では、自然的理性と聖書の折り合いをめぐってきな臭い状況があった。理性の自由はしばしば聖書の真理を脅かす不敬虔のごとくに見なされ、リベラルな共和派と締め付けをはかる総督派の騒擾含みの論争が共和国の寛容を脅かしていた。『神学政治論』の提案は、何が敬虔と言われ、何が不敬虔と言われうるのか、一度聖書の論理そのものに基づいてはっきりさせようではないかというものであった。本書第Ⅱ部で見たように、スピノザの解決は驚くべきものである。復習しておくと、聖書は哲学のように事柄の真理を教えているのではない、ただ隣人愛を命じる神への絶対的な服従を説いているだけだ。それゆえ真理について何も知らなくても、正義と愛徳を行っている者ならそれだけで敬虔な信仰を持っていることになる。だから「普遍的信仰の教義」は証明可能な真理である必要はない。神への服従のあるところ必ずそれがありそれを取り去れば神への服従も必然的になくなってしまうような、論理的に言って最低限の教義であればよい。たとえば正義と愛徳を命じる唯一の神が存在するとか、神はすべてを見そなわして不服従者を懲罰し、悔い改めるものをゆるすとかいったことである。素朴な者は素朴なりに、インテリはインテリなりに、この同じ神を解釈してかまわない。どう解釈しようと、敬虔と見なされうる信仰はいわば文法的に一致するからである。真理のみを問題にする理性と服従のみを問題にする信仰のあいだには何の類似もなく、したがって折り合う必要すらない。これがスピノザの解決だった。こうした敬虔の論理は必然的に、何を為すことが神の正義にかなうのかを定める法の審級を必要とする。それがいわゆる神の国だとスピノザは言う。モーセの律法はヘブライ国家の国法だった。共和国では市民政府の最高権力が国法を定める。そして法は思想の真偽を裁くのではなく行いを裁く。行いにおいて法に従っている者が思想を理由に不敬虔呼ばわりされるいわれは何もない。いやむしろ、共和国の最高権力を差し置いて市民を「不敬虔」と断罪し、聖書を口実に理性を抑圧する聖職者たちこそ、神聖な契約にもとづく共和国に対して謀反を企て、敬虔なる者たちを迫害する不敬虔の輩だと結論されねばならない[10]。

『神学政治論』の全編はこのような敬虔の論理の論証にあてられる。国家はあくまで敬虔の論理の一部として出てくることに注意しよう。民主制国家の設立がヘブライ神政国家の設立とパラレルに語られるのはそのためである。それはたしかに契約説的な言説だが、敬虔という服従の論理の一部であって、ポリティカではない。政治的なるものはむしろ、敬虔の論理がまるで通用しない領域として現れる。スピノザは契約説的言説は純然たる理論にすぎず、現実の群集統治は別な話であると断る[11]。「群集」がひとつの問題概念として登場してくるのはそこである。敬虔の論理が法の審級を要請するとしても、「群集のかくも定まりのない気質」を知悉する者はいったいどうやって彼らを導けばよいのか途方に暮れるだろう、とスピノザは言う。敬虔であれと命じても意味がない。群集は理性よりも感情に左右され、貪欲でわがままで、自分の利害に関係なければ正義を擁護しようとはしない。虚栄心に満ち、同等の者の指図を我慢できず、他人の名声や富をねたみその不幸を喜ぶ……。要するに、それが支配者だろうが被支配者だろうが、敬虔な人間をあてにしても無駄なのである。むしろ問題は「こうしたことすべてを防止し、統治権を欺瞞の余地が残らぬように制定し、さらに、どんな気質であろうとすべての人間が私益より公益を優先することになるように一切を制度化すること」、つまりは統治をどうするかということだ[12]。ごらんのように、この課題はすぐれてポリティカの課題である。『神学政治論』はこれに正面からは答えず、聖書の実例に訴える。ヒントは古代のヘブライ神政国家にある――実際は群集自らが実権を掌握しているのに、各人の頭の中では神が絶対的に掌握しているものと信じられていた、あのヘブライ神政国家の巧妙な制度に。ヘブライ人はモーセが神の代理人となってからも神が統治権を有していると信じていた。が、それは「事柄のうちによりもむしろ意見のうちに（opinione magis quam re）成り立っていた」。というのも、「実際にはヘブライ人は統治権を絶対的に自らに保持していたからである[13]」。この群集のパラドックスを説明するのはもはや『神学政治論』ではない。『政治論』である。

統治権の定義項としての群集の力能

倫理は政治を説明せず、敬虔も政治を説明しない。政治的なるものはエチカにもモラルにも還元不可能な第三の問題領域である。いま見たように「群集」の語はこの領域をマークする。理性的でも敬虔でもない人間たちが、あたかもひとつの精神によってであるかのように導かれる。このありそうもないことがいたるところで常態化しているとすれば、それには原因がなければならない。これが『政治論』の問題である。そうした原因は、それが与えられれば必然的に統治権＝国家の存在が与えられ、それを取り去れば必然的に統治権も存在しなくなるような、何か実在的な原因でなければならないだろう。しかもそれはあるがままの人間に共通の本性から理解されるような自然的原因でなければならない[14]。人ピノザが統治権は群集の力能によって「定義される」と言うとき、彼が考えているのはそうした原因による定義のことである。スピノザによれば、定義は単なる特性記述ではなく、定義される事物の「最近原因」を含んでいなければならない。しかも、その定義だけで定義対象の全特性が帰結できるようになっていなければならない。たとえば円を定義するなら「中心から円周へと引かれる直線が相等しいような図形」ではだめで、「一端が固定し他端が運動する任意の直線によって描かれた図形」と定義しなければならない。さもないと、どのようにしてそういう対象がしかじかの特性を持って存在するのかが知られないからである[15]。統治権、すなわち国家の定義も同様で、最高・独立・絶対の権力、とか、国家意思の最終決定権、とか、独占された暴力、等々は、特性を言っているだけで本質を定義しない。正しい定義は統治権の最近原因を含む。「群集の力能」はそのように統治権を定義する最近原因なのである。引用しよう。

人間たちが共同の法を有し、全員があたかもひとつの精神によってであるかのように導かれる場合、成員のひとりひとりは、彼を除く残りの者（reliqui）が全体として彼を力能のうえで凌駕するその分、自分の保有する権利が少なくなるということ――これは確実である（本章の第一三節より）。いいかえれば、ひとりひとりは事実上、共同の権利（jus commune）が容認してくれる以外のいかなる権利も自然に対して持たない。さらに、共同の合意にもとづいて命令されることは何でも実行するよう拘束され、あるいは（本章の第四節より）そうするよう権利をもって強いられる[16]。

「群集の力能（multitudinis potentia）によって定義されるこうした権利は、ふつう統治権（Imperium＝命令権）と呼ばれている」とスピノザは続ける。この権利は、共同の合意にもとづいて公事の統括に当たる者が絶対的に掌握する。法の制定・解釈・廃止、都市の防衛、戦争と和平の布告といった事柄である。そのような統括が一般の群集から構成される議会に属する場合、統治権は民主制と呼ばれ、選ばれた何人かの人間だけで構成される議会に属するなら貴族制と呼ばれ、ひとりの人間の掌中にあるときは君主制と呼ばれる。(17) 要するに、定義は普遍的である。民主制であろうと貴族制であろうと君主制であろうと、統治権すなわち国家の命令する権利の本質に変わりはない。そしてその本質は「群集の力能」によって定義される。難しいのは定義項としてのその「群集の力能」が今の引用のどこに現れているかということだ。

よく見てみよう。それはある種の構造の中にしか姿を現さない。法によってあたかもひとつの精神であるかのように導かれる人間の集団を考える。そのとき、各人ひとりひとりは彼以外の「残りの者」が全体として自分より強大なぶん勝手なことをする権利がそれだけ少なくなり、法の声に服従するよう強いられる。そのように強いる力、それが「統治権」と呼ばれるものだとスピノザは言っている。ここには服従を生み出すある種の産出的な循環がある。というのも、各人ひとりひとりに勝手を許さない圧倒的な力は、まさにひとりひとりが法に服することで相互に対して生じさせている力だからである。実際、各人が統治権の命令に服さなければ統治権は名ばかりの案山子にすぎず、糾合された力を行使することなどできるはずがない。互いに生じさせあうその力が各人に服従を強いるのである。各人が等しく互いを「残りの者」の圧倒的な力のもとに置きあう相互性――「残りの者」との非対称な関係が成員の数だけ反復され重ねられる非対称性の相互性とでも言おうか。[18]「群集の力能」はこの構造の外にはない。そしてそういう力能が統治権の本質を定義する自然的原因だとスピノザは考えているのである。

こうした構造は成員に共通の本性から理解される。『エチカ』の人間論を思い出そう。自然の一部である人間は理性よりも感情によって導かれる。出来事はすべて必然的に生じるのだが、その諸原因はわれわれには知られない。われわれはこの無知ゆえに不確かな未来への期待と恐れの中に生き、期待と恐れから行為へと決定される。[19]したがって統治権の秘密は、各人がめいめいに同じものを期待しあるいは恐れるように万事を仕組み、彼らがそうした感情から決定されてまさにその期待され恐れられる当のものを各自のまわりに現実に生み出してしまうようにしむけることに存する。その期待し恐れる同じものとは、各人の想像力がそのつど先取りする力、すなわち定義に出てきたあの、彼を取り巻く「残りの者」の圧倒的な力能のことである。[20]スピノザの議論をたどれば、統治権は合力と支配の二つの原理を結びつけるある種の高度な術策として考えられていることがわかる。すなわち、「二人の人間がともに一致し力を結合すれば、彼らは全体としていずれかひとりの場合より多くのことができ、したがってまた自然に対してより大きい権利を共有する。こんなふうに緊密な関係を結んだ人々が多くなっていれば、それだけ大きい権利をみながともに有することになるだろう」[21]。これが合力の原理である。もし人間たちが常時理性に導かれるなら結合は自ずとなされる。しかし現実はそうはなっていないので、一致へと各人を強いる権力が存在していなければならない。権力は支配の原理によって規定される。「他者を物理的に拘束したり、自己防衛や逃亡のための武器と手段を剝奪しておく場合、あるいは恐れを植え付けるか恩を売るかして、他者が自分よりこちらの意向に沿い自分の考えよりもこちらの考えに従って生きたがるようにしておく場合、その人は他者を自分の支配のうちに置いていることになる」[22]。その限りで、服従する者は他者の権利のもとにあり、服従させる者は自己の権利のもとにある。いいかえると支配は服従する側の期待と恐れが続くあいだしか続かない。統治権はしたがって、支配と合力の二つの原理が首尾よくかみ合うところに存在する。各人の期待と恐れを維持するに十分な威力を、そうした感情から決定される各人の服従の総和によってそのつど調達できるようになっている場合、その場合に限り、統治権は自己の権利のもとにある。このとき、統治権の自然的権利は、各人が法に聴き従うであろう「残りの者」の力を恐れあるいは期待し自己保存衝動の本性諸規則から服従へと決定されて何かを為す、まさにそのところまで及ぶ。なぜなら統治権が自らの力能の及ぶだけの権利を有するということと、臣民のひとりひとりが国家の力能に凌駕されるそのぶん自分のほしいままにする権利が少ないということは、正確に表裏の関係だからである。[23] 自然の「権利」(jus「法」の意でもある)という言葉をスピノザは何であれ自然的力能が及ぶリミットとして考える。統治権の自然の権利は及ぶところまで及び、各人の自然の権利は及ぶところまで及ぶ。「各人は事実上〔……〕権利をもって強いられる」と言われているのはそのことである。実際、各人が何を為そうと、期待ないし恐れから服従するときですら、彼のなしうる一切はそのつど及ぶところまで及んでいる。なしえないこと以外何も禁じることのない「自然の最高の権利」、すなわち自己保存の衝動によって彼はそうしているのだから。[24]

以上が、統治権は群集の力能によって定義されるという意味であった。あたかもひとつの精神によってであるかのように人間の群れが法の声に導かれる事態があるとすれば、そこには必ず、各人の外、各人のまわりに「残りの者」の力として現れる圧倒的な群集の力能がある。「あたかも(veluti)ひとつの精神によってであるかのように導かれる」という表現が示すように、統治権の権利はひとつの物理的な効果にすぎない。この効果をもたらすための「術策」[25]の一切、それがポリティカに属するのである。

正しい定義は定義対象の全特性を帰結できるようになっている。群集の力能による定義からまず、統治権は法制的な意味で至高の権力、最高権力でなければならないということが帰結する。でないと「あたかもひとつの精神によってであるかのように導かれる群集」の威力に各人がさらされることはありえないからである。(26)したがってまた、統治権は公事の統括に当たる者が、これも法制的な意味で「絶対的に掌握する」のでなければならない。さもないと自分の意向どおりにする権利を成員のだれかに認めることになり、それだけで国家の権利を放棄することになるからである。(27)というわけで、自分の思いどおりにしてかまわないという意味での各人の自然権は国家状態において必然的に消滅する。しかし、それはあくまで「国家の制度」にもとづいてであるとスピノザは断る。というのも、各人の自然の権利としての自己保存衝動は消滅せず、だれもこれを放棄などできはしないのだから。(28)ここから統治権のもうひとつの重要な特性が帰結する。それは、統治権はたしかに法制上は至高かつ絶対でなければならないが、何でも思いどおりに命じる権利があるわけではないということである。たとえば――とスピノザは言う――私はこのテーブルについて何をしてもよい権利を持っているとしよう。しかしだからといってテーブルに草を食べさせる権利はない。テーブルは草を食べてくれないからである。同様に、当人が感じ・考えているのに反した何かを信じさせるとか、憎んでいる者を愛したり、あるいは愛している者を憎んだりするようにさせる、自分で自分を拷問させる、両親を殺させる、死を避けないようにさせる等々、いかなる威嚇、いかなる報酬によっても人間本性をしてしむけることのできない事柄には、最高権力といえどもその権利は及ばない。また多くの人々を憤激させるような事柄に対してもその権利は及ばない。われわれが本書第Ⅱ部第3章で見たように、人間は自分に似た存在に不幸を与える人間を憎むようになっている。もし国家が迫害と非道を重ねるなら臣民の恐れは憤激に変わり、国家状態を敵対状態に転化させてしまうであろう。臣民の結託はそのぶん統治権の権利を減少させ空洞化させるからである。要するに、国家の命令権は各人の本性規則に従って彼らの「残りの者」の力への期待ないし恐れを調達できているその限りでのみ自己の権利のもとにある。したがって、国家は法制的には上位の法に拘束されない「最高権力」だが、物理的にはそれなしに国家が国家として存在しえないような法則や規則に拘束されるとスピノザは結論する。実際、「それがあれば国家に対する臣民の畏敬と恐れがあり、それがなくなると臣民の恐れ・畏敬とともに国家まで一挙になくなってしまうような、そういうある種の状況が生じているということ」、それが命令の権利、インペリウムがある、ということである。最高権力はこの恐れと畏敬の原因を保持するよう拘束される。何のことはない、最高権力も結局は理性に従って万人の利益と公正を図るよう、あるいは少なくともそう見えるように、自然から拘束される。倫理的な理由からではなく、自らを滅ぼさないための用心として拘束されるのであるる。[29]『政治論』の課題は、物理的に最も自己の権利のもとにありうるような国家制度のデザインを、君主制・貴族制・民主制それぞれについて提示することであった。

こうしてわれわれはあの古代ヘブライ神政国家のパラドックスに立ち戻ることができる。ヘブライ人たちは実際は全員で統治権を保持していたにもかかわらず、彼らの神、すなわち契約によって彼らが自然権を譲渡した正義の神が統治権を有していると考えていた。それも不思議ではない。この国家では——ちょうど民主制がそうであるように——民に律法を取次ぐモーセを含めすべての成員が彼らのうちのだれにも帰属しない規範的な力のもとにある。その力とは、スピノザの意味での群集の力能、すなわち、恐るべき「戦争の法」をもって治者にも被治者にも等しく正義と公正の履行を強い、不履行に対しては容赦なく国家の擾乱をもって応えるところの、しかしそれ自身はエチカもモラルも知らない自然の力能なのである。[30]

ネグリのマルチチュードとスピノザの群集

われわれはスピノザの「群集」を見てきた。次はネグリの「マルチチュード」である。「存在論的マルチチュード」についてネグリ（そしてハート）はこう述べている。

これはスピノザの言葉を借りれば、理性と情念を通じて、さまざまな歴史的力の複雑な相互作用の中で自由を創出するマルチチュードであり、スピノザはこの自由を絶対的なものと呼ぶ。つまり人間は歴史を通じて権威と命令を拒否し、それ以上縮減することのできない差異としての特異性を表明し、無数の反乱や革命によって自由を追求してきたというのである。(31)

スピノザによればマルチチュードは絶対的な自由を創出する潜在的主体である。言ってしまえば、「主権という関係性を消去する」ことができる存在論的力能、それがスピノザ的なマルチチュードである。(32)そうだろうか。

たしかにスピノザも「自由な群集」について語っている。自由な群集の制定する統治権と戦争の権利によって獲得された統治権とは、目的も違えば自己の権利のもとにあるための方策も違う。前者は群集を恐れによってよりは生きることへの期待によって導き、後者はもっぱら死への恐れによって導く。前者の目的は自由、後者の目的は奴隷支配である云々。もちろん違いは大きいし、望ましいのがどちらかは言うまでもない。しかし自由な群集も結局、統治権を制定するのである。スピノザ自身が認めるように、インペリウムである限り、自由な群集の制定する統治権と獲得による統治権に本質的な違いはない。(33)そして、群集の力能はまさにその同じ本質を普遍的に定義するものだった。とすれば、ネグリたちの言う、自由を創出する群集、主権を消去する力能としての群集は、少なくともスピノザの言う群集ではない。スピノザの言う群集の力能は主権を消去するどころか、反対にそれを定立する最近原因だからである。

ともかくネグリに耳を傾けてみよう。ネグリはマルチチュードの「存在論的定義」を試み、三つの特徴づけを与えている。(34) ㈠マルチチュードは主権によって代表されえない革命的な怪物としての「内在」である。㈡マルチチュードはあらゆる特異性の搾取と戦う生産的な「階級」である。㈢マルチチュードは大文字の「普遍的知性」の身体へと変貌してゆく集団的身体としての「力能」である。ネグリが群集を「内在」と言い「力能」と言うのは正しい。群集は代表されざる物理的自然だからである。しかしそれを「階級」と言い、反権力のメタフォアに結びつけるとき、彼のうちで語っているのはもはやスピノザではない。スピノザが「権力」(potestas)と「力能」(potentia)を対立させるとき、それは統治権を構成する存在論的な裂け目、すなわち法制上の至高性と物理的な自然的権利のリミットという解消不可能な裂け目を意味していた。ネグリはそれを権力と対抗権力の対立に読み替え、群集を革命の主体、「階級」にしてしまうのである。革命は語義上転覆的である。しかしわれわれが知りたいのは、それ以上の転覆性、思考そのものが持つ転覆性だ。スピノザの群集はネグリの「マルチチュード」よりはるかに怪物的であると言えなくもない。というのも、スピノザ的な群集は主体に似たところが何もないからである。

すでに言ったように、人間たちは理性よりも感情によって導かれる。そこから、群集が自ずと一致団結し・あたかもひとつの精神によってであるかのように導かれたがるのは理性の導きにではなく、何らかの共通の感情にもとづく、ということが帰結する。すなわち（第三章の第九節で述べたように）共通の期待や恐れ、あるいは何らかの共通の損害に対する復讐の願望等にもとづいてそうするのである。(35)

たしかに群集は統治権を制定する。群集は王を選び、すすんである事柄に関する権利を譲渡する。王が死ぬと最高権力は群集に戻り、群集は権利をもって新たな法律を制定し旧い法律を廃止する。スピノザはそんなふうに「群集」を主格で用いる。(36) しかしそのように一致団結して何かが群集にできるのは、成員各人が「残りの者」の力を頼みあるいは恐れ、「残りの者」たちが望むであろう復讐を望み、そうやって相互に「残りの者」の力を生じさせあっている限りにおいてである。その力能は常に、各人の外、各人のまわりに現れ、各人の想像力を触発し、あたかもひとつの精神によってであるかのように各人を従わせる。

それが群集の力能だった。とすれば、群集は「われわれ」という主格を構成しない。なんぴとも本当には群集を代表して「われわれ」と言うことはできない。われわれは自分たちが群集として何ができ、自分たちに何をしているのか知らないのである。

したがって「群集の力能」とスピノザが言うとき、「の」という属格は行為主体への帰属を意味しない。スピノザの場合、群集が常に政治的なるものの解を強いる問題として現れるのはそのためである。貴族制の統治権が実際の運営において絶対的なものにならない理由はただひとつ、評決から排除された群集が統治者たちにとって脅威として存在し、ある種の自由を暗黙のうちに保持しているからであるとスピノザは言う。スピノザが言っているのが群集による「自由の創出」でないことは確かだ。逆である。スピノザの言葉で言えば、群集ができるだけ脅威とならず、統治自体の制度から必然的に認められる自由以外にはいかなる自由も群集が保持せず、むしろこの自由が群集の権利よりは統治権全体の権利になっているとき、統治権は最大限に絶対的な統治権に近づく。そしてそれが最善の統治権だとスピノザは言うのである[37]。そのためには、自分は導かれているのでなく自分の考えと自由な決意で生きているのだと思えるように人間たちを導かねばならない。いやむしろ、彼らが、やはり自由がいい、資産を増やしたい、統治の顕職に就いてみたいといった気持ちのみから抑制されるように、術を尽くして導かねばならないとスピノザは言う[38]。

『政治論』は民主制を論じ始めるところでスピノザの死によって中断された。しかし「完全に絶対的な統治権」としての民主制、デモクラシーがこのような方針の延長上に考えられていたことは間違いない[39]。

というわけで、ネグリが「集団的身体としての力能」を言うのは正しい。しかしもしそれを「われわれ」に帰属する力能のように考えているのなら、彼はスピノザの怪物的な群集を見失うことになる。スピノザなら言うだろう。革命は起こるときには起こる。自己の権利のもとになくなった統治権は必然的に崩壊する。だが群集の力能が命令権をすっかり消去することはありえない。反乱のさなか、共通の復讐を誓う預言者の声を各人が「残りの者」たちの従うであろう声として聴きはじめるとき、そこにはすでに新たな至高性が次の最高権力を僭称すべく登場している。

だから市民たちが、国家においてしばしば燃え上がる不和や騒擾から国家を解消するということは決してあり得ない（他の団体ならこれはしばしば起こることだが）。国家の外見がそのままでは争いを鎮めることができない場合は、当然、市民たちは国家の形態を別な形態に変えるのである。それゆえ、私が統治権の自己保存に必要な方策と言っていたのは、実は、目立った変化なしに統治権の形態を保存するための方策、と

いう意味なのである。(40)

ネグリの言うとおり、人間は歴史を通じて権威と命令を拒否し、無数の反乱や革命によって自由を追求してきた。しかし、スピノザにとってそれは統治の失敗の歴史なのである。失敗には原因があり、幾ばくかの成功にも原因があるはずだ。群集の力能は自然の力能である限り、ネグリの言うような大文字の「普遍的知性」でないにしても、それ自身の自然的な合理性を有している。「人間は何らかの共同の権利の外では生存できないようになっており、しかも共同の法制と公務は、狡猾であろうと老獪であろうと、ともかく一等頭の切れる人間たちによって制定され・運営されてきた。とすれば、これまで一度も好機や偶然によって供されなかったような、また政務に専念し・保身を図る人間たちが気付きもしなかったような、そんなことをわれわれが共同社会に有益なものとして考えつけるとはほとんど信じがたい」。だから、とスピノザは言う、「自分は政治学に取り組むさい、新奇で耳新しいものを求めず、もっぱら実践と最もよく一致する事柄のみをとりあげ、そしてこれを確実で疑いの余地のない仕方で証明するか、あるいは人間本性のありようそのものから導き出すことにした(41)」。スピノザの「群集の力能」はそうした証明のための仮説なのである。彼はいつものとおり、それを自然という名の神の力能の一様態として導き出す。断るまでもなく、スピノザの言う自然の力能には向かうべき何の目的もない。したがってまたそれ自身における失敗というものもない。ひとつの統治が失敗し別な統治形態にとって代わられるそのときも、そのようにさせる群集の力能に失敗はない。[42] スピノザのポリティカに真に転覆的なところがあるとすれば、それはまさに、われわれが思い描く人間的な表象をその「力能」概念がとうに超えているところにある。

スピノザの転覆性

『野生のアノマリー』以来、ネグリはスピノザのアノマリーを賞賛してきた。「スピノザは近代哲学の明るく輝かしい一面である。かれはブルジョア的媒介と、その媒介の拡張を組織化するあらゆる論理的・形而上学的・法的虚構を、あざやかに否定した。スピノザが試みたのは、人文主義の革命的企図の継続を規定することである。スピノザとともに、哲学ははじめて媒介の学という自らのあり方を否定することになった[43]」。ネグリが媒介の否定に転覆性を見るのは正しい。媒介の弁証法の典型はホッブズである。「群集」は社会契約が設立する超越的な主権者に代表されて「国民」(populus)となることではじめて行為者としての一性を持つ。それなしには群集はただの烏合の衆にすぎないとホッブズは説いていた。[44] スピノザはこうしたホッブズの論理を転覆させる。われわれが見たように、力能としての群集は契約によってひとつになるのではない。逆に、各人に契約を守らせる力としてスピノザ的な群集の力能はすでにある。媒介の弁証法が虚構だというのはそういう意味である。だがそれは話の半分でしかない。さらに、そうした媒介の欺瞞すら成功してしまうほどに統治権を解消させない力がある――あたかもひとつの精神によってであるかのように法に導かれる群集の力能が。それは王が、最高議会が、あるいは反乱の民衆がおのがものと僭称する力能、しかもそれ自身はだれにも帰属しない非人間的な力能である。ネグリにはどこか人文主義＝ユマニスム的な陽気さがあって、それが大きな魅力でもあるのだが、スピノザの思考はそれだけにネグリの言説にとって転覆的である可能性がある。転覆的な思考、それはスピノザの真のアノマリー、反ヒューマニズムというアノマリーである。

凡例

スピノザの著作について、後掲の「注」では次のように略記する。頁づけは、ゲプハルト版スピノザ全集全四巻（Spinoza: *Opera*, im Auftrag der Heidelberger Akademie der Wissenschaften hrsg. von Carl Gebhardt, Heidelberg: Carl Winters Universitätsbuchhandlung, 1925. Unveränd. Nachdruck ibid. 1972. 4 Bände）のそれである。ただし巻の指示は省略。この凡例で当該著作の入っている巻を記しておく。

E　『エチカ』（*Ethica more geometrico demonstrata*：全集第二巻、四一〜三〇八頁）

1, 2, 3, 4, 5＝第一部、第二部、第三部、第四部、第五部

Praef＝序文

I＝導入部

P1, P2 ......＝定理一、定理二……

A＝付録

L1, L2 …… ＝補助定理一、補助定理二……
D1, D2 …… ＝証明一、証明二……
C1, C2 …… ＝系一、系二……
S1, S2 …… ＝備考一、備考二……
Ax1, Ax2 …… ＝公理一、公理二……
Def1, Def2 …… ＝定義一、定義二……
Post1, Post2 …… ＝要請一、要請二……
Ex1, Ex2 …… ＝説明一、説明二……
AD1, AD2 …… ＝感情の定義一、感情の定義二……
AGD ＝感情の一般的定義
〈例〉 E 2P40S2＝『エチカ』第二部定理四十の備考二
E 3AD7, 23＝『エチカ』第三部感情の定義七、二十三

Ep 『スピノザ書簡集』（*Epistolae*：全集第四巻、一～三三六頁）
1, 2, 3 …… ＝書簡番号
〈例〉 Ep50＝書簡五十

KV　『神・人間および人間の幸福に関する短論文』（*Korte Verhandeling van God, de Mensch, en deszelfs Welstand*：全集第一巻、一～一二一頁）（『短論文』と略記）

1, 2＝第一部、第二部

/1, /2, /3 ...... ＝第一章、第二章、第三章……

no1, no2 ...... ＝注一、注二……

A ＝付録

〈例〉 KV1/7＝『短論文』第一部第七章

KV A ＝『短論文』付録

TIE　『知性改善論』（*Tractatus de Intellectus Emendatione*：全集第二巻、一～四〇頁）

1, 2 ...... ＝パラグラフ番号

〈例〉 TIE 96＝『知性改善論』第九十六段

TP　『政治論』（*Tractatus Politicus*：岩波文庫では『国家論』、全集第三巻、二六九～三六〇頁）

Praef ＝序文

I, II, III ...... ＝第一章、第二章、第三章……

/1, /2, /3 …… ＝第一節、第二節、第三節……
〈例〉 TP II/15＝『政治論』第二章第十五節

TTP 『神学政治論』（*Tractatus Theologico-Politicus*：全集第三巻、一〜二六七頁）
Praef ＝序文
I, II, III …… ＝第一章、第二章、第三章……
および全集の頁
〈例〉 TTP XVII, p. 206＝『神学政治論』第十七章、二〇六頁

注

II　分析と論争的読解

第1章　信仰教義をめぐって

（1）共和国の政権を支持する人々は、一般にこうしたリベラルな思想を支持していた。Cf. Catherine Secretan, "La victoire des régents: argent et liberté," *Amsterdam XVIIe siècle: Marchands et philosophes: les bénéfices de la tolérance*, dirigé par Henry Méchoulan, Éditions Autrement, 1993, pp. 32–41; Henry Méchoulan, "Une vision laïque du religieux," *op. cit.*, pp. 42–58. たとえばグロチウス。彼は相互寛容のためには宗教への政府の介入が必要であると考え、内的行為としての個人の判断の自由と、外的行為の主権政府による統制を主張した。Cf. Jacqueline Lagrée, *La raison ardente: religion naturelle et raison au XVIIe siècle*, Vrin, 1991, pp. 231–232. これは政策議論としてはほとんど『神学政治論』のそれと重なる。だから『神学政治論』のスキャンダルの原因を、こうしたリベラルな主張に見るのは早計である。じっさい、政策論に関しては、スピノザは当時のデ・ウィット政権のブレーンとも目されるドゥ・ラ・クール兄弟（Johan and Pieter de la Court）の著作に多くを負っており、路線としてひどく異なるわけではない。Cf. Haitsma Mulier, *The Myth of Venice and Dutch*

Republican Thought in The Seventeenth Century, Assen, Van Gorcum, 1980, p. 172. 神学と哲学の分離も、ことさら新奇な主張ではない。それはすでにオランダの大学に浸透しつつあったデカルト主義者たちの基本線であった。Cf. Theo Verbeek, *Descartes and the Dutch*, Southern Illinois Univ. Press, 1992, pp. 82, 89–90.

（2）『神学政治論』は各州の教会会議や法廷で、「前代未聞の卑劣さと冒瀆を含む」・「魂を害する」・「特にも不敬虔」・「きわめて瀆神的」・「不敬虔と無神論を説く」ものと非難された。当時の読者を苛立たせたのは、彼ら言うところの「スピノザの偽善」である。Wiep van Bunge, “L'Athéisme de Spinoza,” *Bulletin de l'Association des Amis de Spinoza*, No.29, 1993, pp. 1, 11. オランダではじめに起こった『神学政治論』批判は例外なく、この書を「偽装された無神論」と見なしていた。聖書に対する忠誠は策略であり、敬虔な服従による救いだとか学問としての神学だとかを説くように見せかけて本当は読者を馬鹿にしているのだ、というのが一般的な反応だったのである。Wiep van Bunge, “The Early Dutch Reception of the TTP,” *Studia Spinozana* 5, 1980, p. 243.「偽装された無神論」というこの共通の反応は、「その書はみかけは黄金の壺のように見えるが中には毒液が入っている」というユダヤ教のラビからの批判（Daniel Levi de Barrios, *Eternidad de la Ley de Mosseh*. cited in: Henry Méchoulan, *Être juif à Amsterdam au temps de Spinoza*, Albin Michel, Paris, 1991, p. 156）にも認められる。デカルト主義者のファン・フェルトホイゼン（Lambert van Velthuysen）やファン・リンボルク（Philippus van Limborch）のような比較的リベラルな人々でさえ、同じ意見であった。Cf. Gregory S. Brad, “Introduction,” *Spinoza, Tractatus*

Theologico-Politicus, translated by S. Shirley, Brill, 1991, pp. 27–29. 要するに、ピエール・ベールの言葉を借りれば、「『神学政治論』を論駁した人々は、みなそこに無神論の種子を見つけ出した」のである。Pierre Bayle, *Écrits sur Spinoza*, Paris: Berg international, 1983, p. 23.

（3）TTP XIV, pp. 177–178.

（4）E 5P17C. スピノザに対するライプニッツの忌避については、上野修『哲学者たちのワンダーランド——様相の十七世紀』講談社、二〇一三年、第一九、二〇章を参照いただきたい。

（5）「把握力にあわせて語る」という表現は『神学政治論』のものである。もっともそれは、一般民衆を相手にした聖書の説得スタイルについて言われている。スピノザが『神学政治論』の想定された読者から排除したかったのは、まさにそういう民衆であった（TTP Praef, p. 12; V, pp. 76–77）。

（6）Cf. Leo Strauss, "Comment lire le Traité Théologico-Politique," Leo Strauss, *Le Testament de Spinoza*, Cerf, 1991, pp. 241–253; Leo Strauss, "Sur un art d'écrire oublié," *Qu'est-ce que la philosophie politique?* [*What is Political Philosophy?* New York: Free Press, 1959], PUF, 1992, p. 217. こうしたシュトラウスの路線上にあるものとして、Francis Kaplan, "Le salut par l'obéissance et la nécessité de la révélation chez Spinoza," *Revue de Métaphysique et de Morale*, 78, 1973, pp. 1–17; Jan den Tex, *Spinoza over de Tolerantie*, Mededelingen vanwege het Spinozahuis 23, 1967, p. 11; Madeleine Francès, "Notice aux

Authorités Théologique et politique, Spinoza," *Spinoza: Œuvres Complètes*, (Bibliothèque de la Pléiade), Gallimard, 1954, pp. 1456–1458. とくに、André Tosel, *Spinoza ou le crépuscule de la servitude: Essais sur le Traité Théologico-Politique*, Aubier, 1984, pp. 50–69, 106–118. ただ「普遍的信仰の教義」の位置付けは不安定である。トゼルやフランセは基本的にはシュトラウスを踏襲するが、「普遍的信仰の教義」ついてはむしろ次に見る〈教育的配慮〉に近いところで捉えている。Cf. Tosel, *op. cit.*, pp. 250–252, 290–296; Francès, *op. cit.*, pp. 1471–1472. 思うに、われわれが検討している解釈の二系列は、大きく見ればけっきょく「迷信からの解放」という啓蒙の系譜にスピノザを置こうとしている点で変わらない。だから、根本的に対立するというよりも、解釈が不安定に揺れ動く二極とみるほうが適当だろう。解釈は偽装←妥協→教育的配慮という振幅を「スピノザの意図」の想定しだいでどちらにも揺れ動くわけで、いずれの場合もスピノザがどこまで本気で言っているのか決定する基準を持ち合せてはいないのである。この決定不能の例は次の論文に付された、「二重底」が不誠実か、よき意図からか、といういささか不毛な討論に見ることができる。Cf. Tex, *op. cit.*, pp. 21–24.

(7) Henri Laux, *Imagination et religion chez Spinoza: la potentia dans l'histoire*, Vrin, 1993, pp. 206–209, 233–234.

(8) たとえば、Pierre-François Moreau, *Spinoza: l'Expérience et l'Éternité*, PUF, 1994, pp. 364, 367–368; Lagrée, *op. cit.*, pp. 181, 278–279; Brad, *op. cit.*, p. 44.

(9) TTP XIV, p. 176.

(10) Cf. Francès, *op. cit.*, pp. 1471–1472; Madeleine Francès, "Les Reminiscences Spinozistes dans le 'Contrat social' de Rousseau," *Revue Philosophique de la France et de l'étranger*, 1951, pp. 81–82; Lagrée, *op. cit.*, pp. 181, 280–281; Moreau, *op. cit.*, pp. 367–368.

(11) TTP XIV, p. 179.

(12) J.L. Prince, *Holland and the Dutch Republic in the Seventeenth Century*, Clarendon Press, Oxford, 1994, pp. 184–201.

(13) Prince, *op. cit.*, p. 198.

(14) Ep 30.

(15) TTP Praef, p. 7.

(16) TTP Praef, pp. 6–7; XIX, p. 232; XX, p. 242. この点については、本書第Ⅱ部第４章を参照。

(17) Fokke Akkerman, "Le caractère rhétorique du Traité Théologico-Politique," *Spinoza: entre lumière et romantisme*. e.n.s. Fontenay-aux-Roses, 1985, p. 383.

(18) オランダのプロテスタントの合理主義路線はユマニストの文献学的手法を尊重し、聖書のみによってテクストの意味を決定することの困難をすでに知りはじめていた。解釈の葛藤はカトリック陣営（聖書外の権威をより所とする）に付け入られる隙を与えかねないほどであったのである。Cf. J. Lagrée / P.-F. Moreau, "Introduction: Louis Meyer et Spinoza," in: Louis Meyer, *La philosophie interprète de l'Écriture sainte*, traduction du latin, notes et présentation par Jacqueline Lagrée et Pierre-François Moreau, Intertextes éditeur, 1988,

pp. 6–7.

（19） TTP VII, pp. 98–99.

（20） TTP XVII, pp. 214–215; II, pp. 30–32, 36–37; IX, p. 135; XII, p. 166.

（21）「神学を私は端的に啓示と解する」。ただしこの啓示とは、聖書の目的、すなわち「服従の手段方法、あるいは真の敬虔と信仰の教義」のことである（TTP XV, pp. 184–185）。

（22） TTP XII, p. 165.

（23） TTP XIV, p. 174.

（24） TTP XIV, p. 176.

（25） TTP XIV, p. 177.

（26） TTP Praef, p. 11; XIV, pp. 178–179.

（27） TTP XIV, p. 180.

（28） たとえばファン・フェルトホイゼンの『神学政治論』批判を見れば、真理ならざるものを服従すべき権威と説くことがいかに異様に映ったかがよく分かる。Cf. Ep 42. 同時代に急進的な聖書解釈を試みたベッカー（Balthasar Bekker）やメイヤー（Lodewijk Meyer）のような合理主義者でさえ、聖書が真理を語っているという前提を疑うことはない。Cf. Andrew Fix, "Bekker and Spinoza," in: *Disguised and Overt Spinozism around 1700*, E. J. Brill, 1996, pp. 28–35; Lagrée, *op. cit.*, pp. 145–149. だから、こうしたスピノザの思想がほとんど人々の間に浸透しえなかったのは、当然といえば当然であった。寛容思想として当時の社会にじっさいに啓蒙的な効果をもたらしたのは『神学政治論』ではなく、むしろピエール・ベールやロックの思想だったのである。Cf. Tex, *op. cit.*, pp. 19–20.

(29) TTP XV, p. 187.

(30) TTP IV, p. 67; XVIII, pp. 221–222.

(31)『政治論』における「群集の力能」については、本書第Ⅲ部第2章を参照されたい。

(32)「スピノザは一個の不気味な塊 un bloc inquiétant として現れた」。Paul Vernière, *Spinoza et la Pensée Française avant la Révolution*, Paris, 1982 (1954), p. 33.

第2章　預言の確実性をめぐって

(1)「ベネディクトゥス・デ・スピノザ氏の生涯と精神」の「写字生の序」。リュカス／コレルス『スピノザの生涯と精神』渡辺義雄訳、学樹書院、一九九六年、一九頁。

(2) スピノザ著・畠中尚志訳『神学・政治論』全二冊（岩波文庫）、岩波書店。

(3) Cf. F. Charles-Daubert, "Les principales sources de *L'Esprit de Spinoza*; traité libertin et pamphlet politique," in: *Groupe de recherches spinozistes. Travaux et documents I; Lire et traduire Spinoza*, Presses de l'université de Paris Sorbonne, Paris, 1989, pp. 61–107.

(4) TTP XV, pp. 185–187.

(5) TTP XV, p. 187.

(6) Wiep Van Bunge, "The Early Dutch Reception Of The TTP," in: *Studia Spinozana* 5, 1980, p. 241, note 33; Paul Vernière, *Spinoza et la Pensée Française avant la Révolution*, Paris, 1982 (1954), p. 33.

(7) 実際、クリスチャン・コルトホルトの『三大詐欺師』(*De tribus impostoribus magnis*) は、Edward lord Herbert of Cherbury (1583–1648)、Thomas Hobbes (1588–1679)、スピノザの三人を、敬虔を装った宗教破壊者として呈示し、前二者の思想はスピノザ思想にきわまると見る。コルトホルトは「理神論」に対する論争者を自認していた。Cf. Jacqueline Lagrée, "Christian Kortholt (1633–1694) et son *De tribus impostoribus magnis*," in: Paolo Cristofolini, (ed.) _ *L'Hérésie spinoziste. La discussion sur le Tractatus Theologico-politicus, 1670–1677, et la réception immédiate du spinozisme*, Amsterdam-Maarssen, 1995, pp. 169–183.

(8) TTP I, p. 15.

(9) Moses Maimonides, *The Guide For The Perplexed*, New York: Dover, 1956 (1905), pp. 5, 9.

(10) Sylvain Zac, *Spinoza et l'interprétation de l'Écriture*, PUF, 1965, chap. 3, *passim*.

(11) TTP II, p. 35.

(12) TTP II, pp. 36–37.

(13) TTP VII, pp. 115–116.

(14) Cf. Louis Meyer, *La philosophie interprète de l'Écriture sainte*, traduction du latin, notes et présentation par Jacqueline Lagrée et Pierre-François Moreau, Intertextes éditeur, 1988.

(15) TTP XV, p. 180.

(16) TTP VII, pp. 114–115.
(17) TTP VII, p. 115.
(18) TTP II, pp. 36–37.
(19) TTP II, p. 30.
(20) TTP II, p. 34.
(21) TTP II, p. 32.
(22) TTP II, p. 31.
(23) TTP XV, p. 186.
(24) TTP Praef, p. 10; II, p. 42.
(25) TTP XV, pp. 185–186.
(26) Cf. デカルト『方法序説』第四部。Descartes, *Discours de la méthode*, A.T. VI, p. 37. 原語は“une assurance morale”.
(27) Leo Strauss, “How To Study Spinoza's Theologico-political Treatise,” in: *Persecution and the Art of Writing*, Glencoe, 1952, reprint: Westport (Calif.) 1973, pp. 169–170.
(28) Cf. André Tosel, *Spinoza ou le crépuscule de la servitude: Essais sur le Traité Théologico-Politique*, Aubier, 1984, pp. 106–117.
(29) Cf. Francis Kaplan, “Le salut par l'obéissance et la nécessité de la révélation chez Spinoza,” *Revue de métaphysique et de morale*, 78, 1973, pp. 1–17; Jacques Moutaux, “Exotérisme et philosophie: Leo Strauss et l'interprétation du *Traité théologico-politique*”,

in: *Spinoza au XXe siècle*, PUF, 1993, pp. 421–444.

(30) Alexandre Matheron, *Le Christ et le salut des ignorants chez Spinoza*, Aubier: Paris, 1971, pp. 227–242.

(31) TTP XV, p. 185.

(32) TTP XV, p. 185.

(33) TTP XV, p. 186.

(34) TTP XII, p. 165.

(35) TTP XV, p. 186.

(36) TTP IV, p. 67.

(37)『エチカ』では「正義」(Justum) は法への恭順的態度にすぎず、「愛」(Charitas) はその言葉すら出てこない。これらは精神の本性を説明する概念とは見なされないのである。賢者の倫理でそれに相当するのは、理性から生じる欲望の強度以外の何ものでもない。すなわち「われわれが理性の導きに従って生きることから生じてくる、善いことをしたいという欲望」としての「敬虔」(Pietas)、および「理性に従って生きる人間を拘束し、他の人々と友愛によって結びつくようにさせる欲望」としての「端正心」(Honestas) がそれである (E 4P37S1,2)。預言と哲学者の倫理の実践方針における一致は、したがってそれぞれにとって外的である。この「一致」概念については、拙稿「スピノザの聖書解釈——神学と哲学の分離と一致」(上野修『デカルト、ホッブズ、スピノザ——哲学する十七世紀』講談社学術文庫、二〇一一年所収) を参照。

(38) TTP IV, p. 64.

(39) TTP XV, p. 187.

(40) たとえば、『エチカ』の次のくだり。「民衆は恐れを知らない時に恐るべきものである。ゆえに少数者の利益ではなく共同の利益を考慮した預言者たちが謙遜、悔悟、および畏敬をいたく推奨したのは怪しむに足りない」(E 4P54S)。この箇所は『政治論』の、大多数の国民の憤激を買って自滅しないために統治権は一定の倫理的なラインを踏み越えることが事実上できない、という議論とあわせて読まれる必要があろう(TP IV/4,5)。統治者も被統治者も、同じ倫理的「正しさ」によって拘束されあう。『政治論』はこうした拘束を強いるアノニムな力として、誰のものでもない「群集の力能」を考えていると思われる。

(41) TTP IV, p. 67.

(42) リュカス/コレルス、前掲書、一一三頁。

第3章 教えの平凡さをめぐって

(1) TTP VII, p. 115.

(2) TTP VII, pp. 111,115.

(3) レヴィナスは『神学政治論』の聖書解釈を批判して次のように言っている。「スピノザが推奨する文献学の諸規則、それらは紛れもなくテクストの近代的読解の領野を定めるものなのだが、スピノザにあっては、そうした諸規則に何か別の次元が付け加えられることはまったくない」。そうなると「意味は最初からすでに十全な仕方で完成されていて、どんな歴史的展開にもどんな解釈学にも先立ってテクストのうちで物化され、そこに幽閉されたも同然の状態であることになる」。だが「今日の人間にとっては、メッセージへの留意〔……〕は、まず最初に与えられた記号の背後から意味が到来することと結び付いている。解釈学と出会うために意味は到来するのだ」（エマニュエル・レヴィナス『聖句の彼方』合田正人訳、法政大学出版局、一九九六年、二七九―二八一頁）。

（4）『神学政治論』を論難したデカルト主義神学者ファン・フェルトホイゼンの言葉である。Cf. Ep 42.

（5）TTP VII, pp. 102–103.

（6）TTP II, pp. 30–31.

（7）TTP XV, pp. 185–186.

（8）TTP XV, pp. 186–187.

（9）TTP II, p. 30.

（10）TTP VII, p. 115.

（11）TTP XII, p. 160.

（12）マトゥロンは、聖書もまた存在論的には一個のスピノザ的な「個体」としてコナトゥスによって存在しているという斬新な解釈を示している。聖書は印刷された聖書の部数総体と、そこから神への愛と隣人愛を吹込まれる人々の総体という二つの部分からなる個体で、神への愛に基づく隣人愛の実践において存続し続ける。これが個体としての聖書のコナトゥスなのだというのである。Cf. A. Matheron, "Le statut ontologique de l'Écriture Sainte et la doctrine spinoziste de l'individualité," in: *Groupe de recherches spinozistes, Travaux et documents 4; L'écriture sainte au temps de Spinoza et dans le système spinoziste*, Presses de L'université de Paris Sorbonne, 1992, pp. 109–118. 示唆するところの多い解釈だが、必ずしも隣人愛の実践が聖書を存続させるわけではない。

（13）TTP XII, p. 166.

（14）原語は imaginatio であるが、「想像」「想像力」と訳すと虚構的な意味あいが出てきてうまくない。すぐに見るように、知覚経験までもカバーする概念だからである。また「表象」「表象力」もややはずれる。前者は「板に描いた絵」のような語感があるし、後者は人間精神にいかなる固有の能力も認めないスピノザの体系にはあわない。ここはやはり、神＝自然の無限知性内の一作用という意味で「表象作用」と訳すべきだろう。実際、人間に「意志」（voluntas）という能力などなく、あるのはそのつど人間という神の有限様態において発生する個々の「意志作用」（volitio）にすぎないとスピノザは言っており（E 2P48S）、これにならった語法として妥当だと思う。

（15）E 2P49CS.

（16）ゲプハルト版全集では「翼のある馬」となっているが、ここでは『遺稿集』（Opera Posthuma）の読みに従った。

（17）ibid.

（18）E 2P35S, 4P1. 後段の理解のためにも、人間精神をスピノザがどう考えているか、若干の補足がここで必要かもしれない。スピノザにとって人間精神は神の無限知性の一部を占める「人間身体についての観念」であって、この観念を含めた多くの事物の観念から神がある観念を帰結するとき、その認識作用のわれわれに関する部分だけが、とりもなおさずわれわれの知覚なのである。自動車のボディがへこんだなら、へこみ方を見ればどこに何が当たったかほぼ推察できる。それと同じように、われわれの身体の変状のされ方の認識は、変状を受ける身体と変状を与える事物の両本性を、ちょうど結果が原因を含むように含み、説明はしないがこれを暗示している。スピノザは神の中にあるそうした認識の一部分がわれわれの意識を構成すると考えるのである。Cf. E 2P11C, 2P16, C1, C2.

(19) E 4P1S.
(20) E 2P17, P18, P18S.
(21) E 2P18S.
(22) いわゆる過去の想起は、物体同士の相対的な運動によって時間を表象することから生じるとスピノザは考えている。Cf. E 2P44C1S.
(23) E 3P2S.
(24) E 2P44C1S.
(25) E 2P49CS.
(26) E 2P49CS.
(27) E 3P11–P26.
(28) E 3P27.
(29) E 3P27D.

(30) E 2P18S, E 1A.
(31) E 3P31, D.
(32) E 3P17S.
(33) E 3P31C, S.
(34) E 3P29.
(35) E 3P29S. 岩波文庫の畠中訳では Ambitio は「名誉欲」と訳されている。
(36) E 3P31C. 傍点は引用者。
(37) E 3A44Ex.
(38) E 3P27C1.
(39) E 3P22S.
(40) E 3P A27Ex.
(41) TTP II, p. 30.
(42) TTP VII, p. 111.
(43) TTP XII, p. 166.
(44) TTP XII, p. 165.
(45) TTP VII, p. 112; TTP Adn 8, p. 253. デ・ドゥーフトは『神学政治論』の「容易に見て取れるもの」(res perceptibiles)を、『知性改善論』の「最も単純なもの」(res simplicissimae)に相当するものとして解釈している。前者は第一種認識に、後者は第二種認識に属するとはいえ「非常に単純な観念は決して虚偽ではありえない」というスピノザのライト・モチーフからすれば、同等だというわけである（C. De Deugd, *The Significance of Spinoza's First Kind of Knowledge*, Assen: Van Gorcum, 1996, p. 186）。しかし「容易に見て取れるもの」は、われわれが見てきたように「事柄の真理」でなく虚偽であっても構わない。デ・ドゥーフトの研究は表象的認識と理性的認識との連続性を強調するあまり、根拠付けなき信念というわれわれの問題系を取り逃がしているように思われる。

（46）TTP VII, p. 111.

（47）TTP XV, p. 188.

（48）この点については、拙論「スピノザの聖書解釈――神学と哲学の分離と一致」（上野修『デカルト、ホッブズ、スピノザ――哲学する十七世紀』講談社学術文庫、二〇一一年所収）を参照されたい。

（49）E 2P17S, 2P35S, 4P1S. 太陽の見かけが誤っているのは、太陽自体との関係においてであって、太陽が身体に生じさせる変状との関係においてではない、というゲルーの的確な解釈を参照。Martial Gueroult, *Spinoza: l'âme*（*Éthique, 2*）, Aubier, 1974, pp. 224–226.

（50）E 4P1S.

第4章　契約説をめぐって

（1）TTP XVI, p. 193.

（2）Alexandre Matheron, "L'évolution de Spinoza du TTP au TP," in: *Issues And Directions: The Proceedings of the Chicago Spinoza Conference*, edited by Edwin Curley and Pierre-

François Moreau. Leiden; New York: E. J. Brill, 1990, pp. 266–269.
（3） A. NEGRI, *L'Anomalie sauvage*, PUF., 1982, pp. 298–307.
（4） Douglas J. DEN UYL, *Power, state, and freedom: an interpretation of Spinoza's political philosophy*, Assen: Van Gorcum, 1986, ch. III.
（5） G. BOSS, "Les fondements de la politique selon Hobbes et selon Spinoza," *Les Études Philosophiques*, janvier-juin, 1994, pp. 187–188.
（6） TTP XVIII, p. 221.
（7） Cf. Sylvain ZAC, "Le chapitre XVI du Traité théologico-politique," repris in: *Philosophie, théologie, politique dans l'œuvre de Spinoza*. Vrin, 1979, pp. 207–208. 契約概念は国家理論というよりはむしろヘブライ神政国家の設立契約を論じるための作業概念（concept opératoire）であって、その文脈で理解されねばならないとザックは指摘する。私は「作業概念」以上のものと考えるが、文脈の中で理解すべきであるという指摘は重要だと思う。
（8） Cf. Haitsma MULIER, *The Myth of Venice and Dutch Republican Thought in The Seventeenth Century*. Assen: Van Gorcum, 1980, ch. 4, 5.
（9） Pierre-François MOREAU, "Spinoza et le jus circa sacra," *Studia Spinozana* I, 1985, pp. 335–344.
（10） Pierre-François MOREAU, *Spinoza: L'Expérience et l'Éternité*, PUF, 1994, pp. 410–426.
（11） TTP Praef, p. 7.
（12） TTP II, p. 42; TTP VII, pp. 114–115.

(13) TTP Praef, p. 10; TTP XII, pp. 165–166.

(14) TTP XV, p. 187.

(15)「人間の性向（ingenium）は極めて多種多様なものであって、ある人にはこの考え方が気にいるかと思えば他の人にはかの考え方が気にいり、またこの人を宗教に向かわせるものが、他の人を嘲笑に駆るといった有様である」（TTP Praef, p. 11）。

(16) TTP XIV, p. 175.

(17) TTP XIV, p. 178.

(18) TTP XVI, pp. 190–193.

(19) TTP XIX, pp. 229–230.

(20) TTP XX, pp. 241–242.

(21) TTP XX, p. 242; TTP XX, p. 245.

(22) TTP XVII, pp. 205–211.

(23) TTP XVII, pp. 201–203.

(24) TTP XVII, p. 212–217. ここでスピノザは聖書の記述をもとに、ヘブライ神政国家がいかに統治者と被治者を巧妙に制御する仕組みを持っていたかを分析してみせる。この分析はすでに、後の『政治論』の「術策」論とほぼ同じ水準にある。後者に関しては、拙稿「二つの「あたかも」――スピノザ『政治論』のために」（工藤喜作・桜井直文編『スピノザと政治的なもの』平凡社、一九九五年）を参照されたい。

(25) TTP XX, p. 239.

(26) TTP XX, pp. 239–245.

(27) ちなみに、ホッブズもまた譲渡不可能な自然権を言う。たとえば、「自分自身の身体を支配する権利、空気、水、運動、ある場所から他の場所へ行く道、およびそれがなければ生存できないか、あるいは満足に生存し得ないようなすべてのものを享受する権利」といった「人間の生存にとって必要な権利」がそうである（『リヴァイアサン』第一部第十五章）。しかしそれはあくまで、自らを死なせてはならぬという自然法から逆算して出てくる保留であって、その意味でまったく、利益の合理計算をもととする契約説の論理の内部にある。

(28) J. Lagrée/P.-F. Moreau, "La lecture de la Bible dans le cercle de Spinoza," in: Armogathe, J.-R. (ed.) *Grand siècle et la Bible*, Beauchesne, 1989, p. 98.

(29) Ep 42.

第5章　奇蹟と迷信をめぐって

(1) TTP Praef, p. 5.

(2) TTP Praef, p. 6.

(3) Madeleine Francès, (traduction), "Traité des autorités théologique et politique," in *Spinoza Œuvres Complètes*, texte traduit, présenté, et annoté par Roland Caillois, Madeleine Francès, et Robert Misrahi, Gallimard, Paris, 1954, p. 609.

(4) TTP Praef, p. 7.

(5) TTP Praef, p. 6.

（6）TTP Praef, p. 5.

（7）TTP Praef, p. 6. スピノザが引用しているクルティウスの『アレクサンドロス大王伝』第四巻第十章からも、このことは裏付けられる。クルティウスの文脈はこうである。遠征に倦んだ大王の兵が月蝕に動揺して反乱の兆しを見せる。そのとき招聘されたエジプトの占い師が月蝕を勝利の吉兆と兵に告げ、大王はかろうじて軍の統御を回復した。大王は嘆じて言う、「迷信以上に群集を効果的に支配するものは何もない」と。問題の引用が支配の統御を超える迷信に対する支配者の恐れを表明しているのは明らかである。すぐあとに、群集は指導者自身よりも指導者の占い師のほうに服従する、という文が続いている。Cf. Quintius Curtius Rufus, *Historiae Alexandri Magni Macedonis*, The Loeb Classical Library, edited by E. H. Warmington, In two volumes, Harvard University Press, London, 1971, IV. x, Vol. 1, pp. 252–255.

（8）TTP Praef, pp. 6–7.

（9）TTP Praef, p. 7.

（10）実際、フランセは『神学政治論』のタイトルを「神学政治論的権力について」と訳している。実質そう解すべきだと言うのである（Cf. Francès, *op. cit.*, p. 1449）。宗教を支配の道具としての迷信と見るこうした解釈はフランセだけではない。トゼル、バリバールを始め多くの論者がその線で考えている。Cf. André Tosel, *Spinoza, ou le crépuscule de la servitude: essais sur le Traité Theologico-Politique*. Aubier, 1984., p. 26; Étienne Balibar, "Spinoza: la crainte des masses," in *Spinoza nel 350° anniversario della nascità. Atti del congresso internazionale* (*Urbino 4–8 ottobre 1982*), a cura di Emilia Giancotti, Bibliopolis, Napoli, 1985, p. 298; R. J. Delahunty, *Spinoza: The Arguments of the Philosophers*, Routledge, 1985, p. 174; Steven B. Smith, *Spinoza, Liberalism, and the Question of Jewish Identity*, Yale University Press, New Haven and London, 1997, pp. 33–34; Leo Strauss, *La Critique de la religion chez Spinoza: ou les fondements de la science spinoziste de la Bible: Recherches pour une Étude du "Traité théologico-politique,"* traduction par G. Almaleh, A. Baraquin, et M. Depadt-Ejchenbaum, Cerf, Paris, 1996, p. 247. これは大きな誤解だと私は思う。

(11) TTP Praef, p. 6. 宗教と迷信の伝統的な対立的理解については、エミール・バンヴェニスト『インド＝ヨーロッパ諸制度語彙集 2』(Émile Benveniste, *Le vocabulaire des institutions indo-européennes*, vol.2, Paris, Minuit, 1969) の「宗教 religio」と「迷信 superstitio」の項目を見よ。

(12) TTP VI, p. 82.

(13) TTP VI, p. 92–93.

(14) TTP II, pp. 35–37.

(15) TTP VI, pp. 82–83, p. 92.

(16) TTP VI, p. 81.

(17) TTP VI, p. 81.

(18) TTP Ep 73, 75.

(19) TTP I, pp. 23–24.

（20）Ep 75.
（21）TTP VI, pp. 91–95.
（22）TTP VI, pp. 81, pp. 95–96.
（23）TTP VI, pp. 94–96.
（24）TTP VI, p. 86.
（25）TTP II, p. 36.
（26）Ep 30.
（27）TTP VI, pp. 95–96.
（28）TTP XI, p. 158.
（29）TTP Praef, p. 7.
（30）TTP III, p. 47.
（31）TTP Praef, p. 6.
（32）TTP III, p. 47, pp. 49–50.
（33）TTP XVII, pp. 218–220.
（34）TTP XVIII, pp. 221–223.
（35）TTP XVIII, p. 222.
（36）TTP Praef, p. 6.

Ⅲ 『神学政治論』と現代思想

第1章 アルチュセールのイデオロギー論とスピノザ

（1）Louis Althusser, *Éléments d'autocritique*, Hachette, 1974, pp. 55–57, pp. 65–66.（以下、EAで示す）

（2）Louis Althusser, *L'Avenir dure longtemps; suivi de les faits*, STOCK/IMEC, 1992, pp. 467–468, p. 480.（以下、ADLで示す）

（3）ADL, p. 468, pp. 477–478.

（4）Louis Althusser, "Idéologie et appareils idéologiques d'État," in: *Positions*, Éditions sociales, 1976, p. 112, p. 114, p. 127.（以下、IAIEで示す）

（5）Louis Althusser, *Pour Marx*, Éditions la Découverte, 1986/1965, pp. 238–239.（以下、PMで示す）

（6）E 2P35S.

（7）E 2P29–P28S.

（8）E 3P2S.

（9）E 3P9S, 4Praef.

（10）ADL, p. 471.

（11）E 3P2S.

（12）IAIE, p. 127.

（13）IAIE, p. 116, p. 122.
（14）PM, p. 240.
（15）IAIE, p. 118.
（16）IAIE, p. 133.
（17）IAIE, p. 122.
（18）IAIE, pp. 113–114, pp. 116–117.
（19）IAIE, p. 127.
（20）TIE 35, 33.
（21）E 2P43S.
（22）EA, pp. 74–75; ADL, p. 478; Louis Althusser, *Psychanalyse et sciences humaines: deux conférences, 1963–1964*., Librairie Générale Française/IMEC, 1996, "seconde conférence: psychanalyse et psychologie," *passim*.
（23）IAIE, p. 127.
（24）ADL, p. 469–470, p. 480.
（25）Louis Althusser, *Sur la philosophie*, Gallimard, 1994, p. 79.
（26）IAIE, p. 125.
（27）PM, pp. 236–237, p. 242.
（28）E 4P1S, 2P35S, 4P1, 2P17S.
（29）本書第Ⅱ部のすべての章を参照されたい。

第2章　ネグリのマルチチュード論とスピノザ

（1）Antonio Negri, "Pour une définition ontologique de la multitude". Première publication en mai 2002, mise en ligne juin 2002 par Toni Negri.（traduit de l'italien par François Matheron）*Multitudes* 9, mai-juin 2002.

（2）Antonio Negri, *Spinoza subversif: variations*（*in*）*actuelles*, Éditions Kimé, Paris, 1994.

（3）「群集」（multitudo）、「統治権」（imperium）といった用語はすべてホッブズに見られる。Cf. Thomas Hobbes, *De Cive*, VI/*passim*, *Hobbes Opera Latina*, Vol. II, pp. 216ff. スピノザがホッブズの『市民論』に親しんでいたことは間違いない。しかし「群集の力能」（multitudinis potentia）という言い方はホッブズにはないスピノザ特有のものである。

（4）アントニオ・ネグリ『野生のアノマリー——スピノザにおける力能と権力』杉村昌昭・信友建志訳、作品社、二〇〇八年。

（5）上野修「A・ネグリ著『野生のアノマリー』を読む」、『図書新聞』二九〇四号、二〇〇九年二月七日。私はそこで、ネグリの言説はスピノザ研究としてよりはむしろ、「預言の機能」を帯びた政治的言説として受け取るほうがよいのかもしれないと示唆しておいた。ネグリたち自身が言っている。「今日、政治的言説としての宣言は、スピノザ的な預言の機能、つまり、マルチチュードを組織する内在的欲望の機能を果たそうと熱望しなければならない。〔……〕宣言は、ラディカルな対抗権力にほかならないのだ」（アントニオ・ネグリ／マイケル・ハート『〈帝国〉——グローバル化の世界秩序とマルチチュードの可能性』水嶋一憲他訳、以文社、二〇〇三年、九六頁)。

(6) E 4P66S.

(7) E 4P35C1, C2; P38S2.

(8) TP II/11, III/5.

(9) TP I/1.

(10) 本書の第Ⅱ部第1章、4章を参照。

(11) TTP XVII, p. 201.

(12) TTP XVII, p. 203. ほぼ同じ課題提示が『政治論』に再現する。「もしかりに人間たちが最も有益なことを最も欲望するというふうに人間本性ができていたなら、和合や信用には何の術策も要らなかったことだろう。だが周知のとおり、人間本性は全くそんなふうになってはいない。そこで統治は必然的に、治める者も治められる者も、欲しようと欲しまいとにかかわらずみな共同の安寧のために大事なことのみを為す、というふうに制度化しなければならない。つまり全員が、自発的にであろうと暴力や逼迫に強いられてであろうと、とにかく理性の掟にもとづいて生きることになってしまうように制度化しなければならない」(TP VI/3)。

(13) TTP XVII, p. 206.

(14) Cf. TP I/5, 6, 7.

(15) TIE 95, 96.

(16) TP II/16–17.

(17) TP II/17.
(18) この点については拙論を参照。上野修「「残りの者」――あるいはホッブズ契約説のパラドックスとスピノザ」、上野修『デカルト、ホッブズ、スピノザ――哲学する十七世紀』講談社学術文庫、二〇一一所収(= Osamu Ueno, "Spinoza et le paradoxe du contrat social de Hobbes: 〈le reste〉", in: *Cahiers Spinoza*, No.6, Paris: 1991: 269-296)。
(19) E 2P44, S1, E 3P18S2.
(20) 『政治論』の次のくだりを参照せよ。「自然状態でも国家状態でも、人間はいずれにせよ自分の本性の諸法則にもとづいて行為し・自分の利害を気遣う。あえて言う、人間というものはどちらの状態にあっても、期待か恐れかに導かれてしかじかのことを為し、あるいは差し控えるのである。両状態に目立った違いがあるとすれば、それは国家状態では恐れているものが全員で同じであるということ、そして、安心していられる根拠や生活の様式が全員にとって同じであるという点である。だがこのために各人の判断能力が無くなるわけではない。実際、人が国家の全命令に従順であろうと心に決めるとき、その人は国家の力能を恐れるからであろうと平穏を愛するからであろうと、たしかに自己保身と自己利害を自分の意向から気遣っているのだから」(TP III/3)。
(21) TP II/13.
(22) TP II/10.
(23) TP III/2.
(24) TP II/4.

(25)「術策」は『政治論』に特徴的な多分にマキャヴェッリ的ニュアンスを含んだ語の使用である。老獪な政治家たちは「長い実地経験の教えてきた術策(artes)」に訴えて人間たちの悪意の先手を打つ(TP I/2)。彼らの学んできたことを軽んじてはならないとスピノザは言う。スピノザはマキャヴェッリを高く評価している。Cf. TP V/7, X/1.

(26) TP III/5, 9.

(27) TP II/17.

(28) TP III/3.

(29) 以上、TP III/7-9, IV/4-6.「憤激」(indignatio)については、E 3P22S.

(30) 国家が自らのために守るよう義務付けられる恐れや畏敬の諸規則・諸原因といったものは、「国法(Jus civile)にでなく自然法＝自然的な権利(Jus naturale)に関わる事柄」であり、守るべきそういう事柄は「国法にもとづいては正当化はされえず、むしろ戦争の法＝戦争権(Jus belli)にもとづいてこそ正当化されうる」。こうした拘束は「自然状態における人間が自己の権利のもとにあって自らに敵対すまいとすれば自己を滅ぼさぬ用心へと義務付けられる、というのとまったく同じ理由からにすぎない」(TP IV/5)。ヴァルター・ベンヤミン『暴力批判論』の「神的暴力」を思わせる威力である。われわれは聖者とマキャヴェッリが同居しているスピノザを考えなければならない。この点に関しては、上野修「スピノザと群集の声」、『現代思想』二〇〇八年一月号。

(31) アントニオ・ネグリ／マイケル・ハート『マルチチュード——〈帝国〉時代の戦争と民主主義』(上・下)、幾島幸子訳／水嶋一憲・市田良彦監修、日本放送出版協会、二〇〇五年、下六三―六五頁。

（32）上掲の Antonio Negri, "Pour une définition ontologique de la multitude".

（33）TP V/6.

（34）Antonio Negri, *op. cit.*

（35）TP VI/1.

（36）TP V/6, VI/5, VII/5, 25.

（37）TP VIII/4-5.

（38）TP X/8.

（39）スピノザによれば、貴族制と民主制の主な違いは、貴族制ではもっぱら最高議会による選挙でだれが貴族になれるかが決まるのに対し、民主制では世襲的な権利で参政権の有無が決まるという点に存する。人間は同等の者が上に立つのを嫌うので、最初定住を始めた集団は民主制であっただろうとスピノザは考える。その子孫ならだれでも統治に参加できたのである。ところがその後「異邦人」の流入とともに参政権のある世襲的同胞集団はしだいに少数化し、民主制は貴族制に移行していった。統治はさらに少数の者の手に移り、ついに君主制に移行する。これに対し、理論的には全群集を貴族に編入しても貴族制は可能であるとスピノザは指摘している。民主制の詳細に関しては未完のためスピノザの考えはよくわからない。Cf. TP XI/1, VIII/1, 12.

（40）TP VI/2.

（41）TP I/3-4.

(42) 自然は過たない。「自然が時に失敗しあるいは過ちを犯して不完全なものを産出するという世人の主張を、私は虚構の一つに数える」。E 4praef.

(43) 上掲のアントニオ・ネグリ『野生のアノマリー』三二六頁。

(44) Cf. Thomas Hobbes, *De Cive*, VI/1, *Hobbes Opera Latina*, Vol. II, pp. 216–217.

スピノザ小伝

スピノザは何者なのだろうか。血筋としてはセファルディと呼ばれるユダヤ人だけれどもユダヤ人から追放され、いかなる宗派にも属さず、オランダ人なのにオランダ共和国から厄介扱いされた。ポルトガル語が飛び交う家の中で育ち、学校で聖書のヘブライ語を習い、外ではオランダ語で話した。あとから勉強したラテン語で思考し書いた。英語やドイツ語はダメだったらしいけれど、フランス語とイタリア語は少し読めた。どこかのネーションや民族の名前を付けて彼を呼ぶことはできない。

一六三二年　十一月二十四日、オランダ共和国アムステルダムのポルトガル系ユダヤ人コミュニティーに生まれる。
一九三八年　母ハンナ・デボラ没。
一六三九年　ユダヤ教団の「律法学院」に入学。
一六五二年　ファン・デン・エンデンのラテン語学校の開設。スピノザはここで学ぶことになる。
一六五四年　父ミカエル没、兄弟とデ・スピノザ商会を継ぐ。
一六五六年　無神論の告発を受け、ユダヤ教団から破門される。
一六六一年ごろ　アムステルダムを去ってライデン近郊のレインスブルフに転居。このころ

『神・人間及び人間の幸福に関する短論文』、『知性改善論』を執筆か。
一六六三年　ハーグ近郊のフォールブルフに転居。『デカルトの哲学原理』（ラテン語）を出版。
一六六四年　『デカルトの哲学原理』のオランダ語訳が出る。
一六六五年　『エチカ』執筆を中断して『神学政治論』の執筆にかかる。
一六六九年　ハーグに転居。
一六七〇年　『神学政治論』を出版。
一六七二年　フランス軍の侵攻。デ・ウィット兄弟の虐殺とレヘント政権の失脚。
一六七三年　ハイデルベルク大学から教授就任の招聘を受けるが辞退。五月、招かれてユトレヒトにフランス占領軍司令官コンデを訪ねる。コンデ不在のため果たせず。
一六七四年　オランダ法院による『神学政治論』の禁書処分。
一六七五年　『エチカ』が完成するが妨害で出版を断念。『政治論』の執筆にかかる（未完）。
一六七六年　ライプニッツの面会をゆるす。
一六七七年　二月二十一日、おそらく肺疾患のため死去（享年四十四歳）。十二月、『エチカ』や『知性改善論』、書簡等を含む『遺稿集』（ラテン語版およびオランダ語版）が友人たちの手によって出される。
一六七八年　『遺稿集』、「不敬で無神論的で冒瀆的なる書」としてオランダ共和国で禁書となる。

初出書誌一覧（以下、すべて初出時の原題を記す）

Ⅰ

『スピノザ――「無神論者」は宗教を肯定できるか』シリーズ・哲学のエッセンス、NHK出版、二〇〇六年七月

Ⅱ

第1章「スピノザと敬虔の文法――『神学政治論』の「普遍的信仰の教義」をめぐって」『山口大学哲学研究』第四巻、一九九五年九月（のちに『デカルト、ホッブズ、スピノザ――哲学する十七世紀』講談社学術文庫、二〇一一年に収録）

第2章「スピノザの預言論――『神学政治論』読解に向けて」『批評空間』第Ⅱ期第一八号、太田出版、一九九八年七月

第3章「スピノザの共有信念論――『神学政治論』における「きわめて平凡でありふれたもの」について」『山口大学哲学研究』第七巻、一九九八年一一月

第4章「スピノザ『神学政治論』における社会契約と敬虔」『山口大学文学会志』第四九巻、一九九九年二月
第5章「スピノザの奇蹟迷信論」『スピノザーナ』第二号、二〇〇〇年一二月

Ⅲ

第1章「アルチュセールとスピノザ」『現代思想』vol.26-15、青土社、一九九八年一二月
第2章「スピノザの群集概念にみる転覆性について」『思想』No.1024、岩波書店、二〇〇九年八月

あとがき

数年前に『スピノザ――「無神論者」は宗教を肯定できるか』（NHK出版、二〇〇六年）という著書をシリーズ・哲学のエッセンスの一冊として出してもらった。ここしばらく品切れで手に入りにくくなっていて、著者が言うのは変だが、実にもったいない気がしていた。『神学政治論』をメインに据えたスピノザの解説書のたぐいは他にあまり見かけないからである。それで今回、旧著を大幅に増補して、ちくま学芸文庫に新たな一冊として入れてもらうことにした。がっちり分厚くなって、増補版というよりほとんど別の著作になっている。そこでタイトルも一新して、一冊まるごと『スピノザ『神学政治論』を読む』とした。

ご存じのように「エッセンス」には抽出物という意味がある。香しいエッセンスはドロドロした原液からごく少量だけ抽出される。増補部分（第Ⅱ部）はそのドロドロである。ここ二十年ほど、並みいる『神学政治論』解釈を相手にそうかなあ、そうじゃないだろう、と異を唱えながら論文を書いてきた。私の不遜を支えてくれたのはいつもスピノザ自身のテクストだった。エッセンス（第Ⅰ部）だけではわからない論争的解釈の抽出プロセスを見ていただければ幸いである。そしてそこまで読んでくださる方には、さらに現代ものを二本お付けしましょう（第Ⅲ部）。

増補にどの論文が入っているかは初出書誌一覧をご覧になっていただきたい。第Ⅱ部第1章の「敬虔の文法」以外はみな未収録のもの。どれも統一を図るためにタイトルを変え手直しをしたが、内容は変わらない。あちこちに行ってしまった書き物に召喚をかけ一度に集結させるのは容易な仕事ではなかった。編集の増田健史さんには本当に頭が下がる。

もちろん、これが『神学政治論』のすべてだとは言わない。あまりに大きすぎて扱えなかった問題もある。実は『神学政治論』は近代のユダヤ人にとって大変ショッキングな内容を含んでいる。キリストについての微妙なスタンスも気にかかったままである。背教や棄教はたいていは転向という形をとるものだが、スピノザはどうもそうではないようだ。十七世紀においてまことに特異なことに、バルーフ・デ・スピノザは哲学者以外のものにはならなかった。それがどういうことなのか、今なお問うべき謎だと私は思う。

二〇一四年五月　待兼山の研究室にて

上野　修

宴のあとの経済学
E・F・シューマッハー
長洲一二監訳
伊藤拓一訳

『スモール イズ ビューティフル』のシューマッハー最後の書。地産地消を軸とする新たな経済共同体の構築を実例をあげ提言する。（中村達也）

私たちはどう生きるべきか
ピーター・シンガー
山内友三郎監訳

社会の10％の人が倫理的に生きれば、政府が行う社会変革よりもずっと大きな力となる――環境・動物保護の第一人者が、現代に生きる意味を鋭く問う。

自然権と歴史
レオ・シュトラウス
塚崎智／石崎嘉彦訳

自然権の否定こそが現代の深刻なニヒリズムをもたらした。古代ギリシアから近代に至る思想史を大胆に読み直し、自然権論の復権をはかる20世紀の名著。

悲劇の死
ジョージ・スタイナー
喜志哲雄／蜂谷昭雄訳

現実の「悲劇」性が世界をおおい尽くしたとき、劇形式としての悲劇は死を迎えた。二〇世紀の悲惨を目のあたりにして描く、壮大な文明批評。

哲学ファンタジー
レイモンド・スマリヤン
高橋昌一郎訳

論理学の鬼才が、軽妙な語り口ながら、切れ味抜群の思考法で哲学から倫理学まで広く論じた対話篇。哲学することの魅力を堪能しつつ、思考を鍛える！

反解釈
スーザン・ソンタグ
高橋康也他訳

《解釈》を偏重する在来の批評に対し、《形式》を感受する官能美学の必要性をとき、理性や合理主義に対する感性の復権を唱えたマニフェスト。

言葉にのって
ジャック・デリダ
林好雄／森本和夫／本間邦雄訳

自らの生涯をたどり直しながら、現象学やマルクスとの関係、嘘、赦し、歓待などのテーマについて肉声で語った、デリダ思想の到達点。本邦初訳。

死を与える
ジャック・デリダ
廣瀬浩司／林好雄訳

キルケゴール『おそれとおののき』、パトチュカ『異教的試論』などの詳細な読解を手がかりに、デリダがおそるべき密度で展開する宗教論。

声と現象
ジャック・デリダ
林好雄訳

フッサール『論理学研究』の綿密な読解を通して、「脱構築」「痕跡」「差延」「代補」「エクリチュール」など、デリダ思想の中心的〝操作子〟を生み出す。

省察
ルネ・デカルト
山田弘明訳
徹底した懐疑の積み重ねから、確実な知識を探り世界を証明づける。哲学入門者が最初に読むべき、近代哲学の源泉たる一冊。詳細な解説付新訳。

哲学原理
ルネ・デカルト
山田弘明／吉田健太郎／久保田進一／岩佐宣明訳・注解
『省察』刊行後、その知のすべてが記された本書は、デカルト形而上学の最終形態といえる。第一部の新訳と解題・詳細な解説を付す決定版。

方法序説
ルネ・デカルト
山田弘明訳
「私は考える、ゆえに私はある」。近代以降すべての哲学は、この言葉で始まった。世界中で最も読まれている哲学書の完訳。平明な徹底解説付。

旧体制と大革命
A・ド・トクヴィル
小山勉訳
中央集権の確立、パリ一極集中、そして平等を自由に優先させる精神構造――フランス革命の成果は、実は旧体制の時代にすでに用意されていた。

ニーチェ
G・ドゥルーズ
湯浅博雄訳
〈力〉とは差異にこそその本質を有している――ニーチェのテキストを再解釈し、尖鋭なポスト構造主義的イメージを提出した、入門的な小論考。

ヒューム
G・ドゥルーズ／アンドレ・クレソン
合田正人訳
ロックとともにイギリス経験論の祖とあおがれる哲学者の思想を、二〇世紀に興る現象学的世界観の先どり、《生成》の哲学の嚆矢と位置づける。

カントの批判哲学
G・ドゥルーズ
國分功一郎訳
近代哲学を再構築してきたドゥルーズが、三批判書を追いつつカントの読み直しを図る。ドゥルーズ哲学が形成される契機となった一冊。新訳。

スペクタクルの社会
ギー・ドゥボール
木下誠訳
状況主義――「五月革命」の起爆剤のひとつとなった芸術＝思想運動――の理論的支柱で、最も急進的かつトータルな現代消費社会批判の書。

ニーチェの手紙
茂木健一郎編・解説
塚越敏／眞田収一郎訳
哲学の全歴史を一新させた偉人が、思いを寄せる女性に綴った真情溢れる言葉から、手紙に残した名句まで――書簡から哲学者の真の人間像と思想に迫る。

エロスの涙
ジョルジュ・バタイユ
森本和夫訳

エロティシズムは禁忌と侵犯の中にこそあり、それは死と切り離すことができない。二百数十点の図版で構成されたバタイユの遺著。（林好雄）

呪われた部分　有用性の限界
ジョルジュ・バタイユ
中山元訳

『呪われた部分』草稿、アフォリズム、ノートなど15年にわたり書き残した断片。バタイユの思想体系の全体像と精髄を浮き彫りにする待望の新訳。

エロティシズム
ジョルジュ・バタイユ
酒井健訳

人間存在の根源的な謎を、鋭角で明晰な論理で解き明かす、バタイユ思想の核心。禁忌とは、侵犯とは何か？　待望久しかった新訳決定版。

純然たる幸福
ジョルジュ・バタイユ
酒井健編訳

著者の思想の核心をなす重要論考20篇を収録。文庫化にあたり「クレー」「ヘーゲル弁証法の基底への批判」「シャプサルによるインタビュー」を増補。

エロティシズムの歴史
ジョルジュ・バタイユ
湯浅博雄／中地義和訳

三部作として構想された『呪われた部分』の第二部。荒々しい力〈性〉の禁忌に迫り、エロティシズムの本質を暴く、バタイユの真骨頂たる一冊。（吉本隆明）

ニーチェ覚書
ジョルジュ・バタイユ編著
酒井健訳

バタイユが独自の視点で編んだニーチェ箴言集。ニーチェを深く読み直す営みから生まれた本書には二人の思想が相響きあっている。詳細な訳者解説付き。

入門経済思想史　世俗の思想家たち
R.L.ハイルブローナー
八木甫ほか訳

何が経済を動かしているのか。スミスからマルクス、ケインズ、シュンペーターまで、経済思想の巨人たちのヴィジョンを追う名著の最新版訳。

分析哲学を知るための
哲学の小さな学校
ジョン・パスモア
大島保彦／高橋久一郎訳

数々の名テキストで哲学ファンを魅了してきた分析哲学界の重鎮が、現代哲学を総ざらい！　思考や議論の技を磨きつつ、哲学史を学べる便利な一冊。

マクルーハン
W.テレンス・ゴードン
宮澤淳一訳

テクノロジーが社会に及ぼす影響を考察し、情報社会の新しい領域を開いたマクルーハンの思想をビジュアルに読み解く入門書。文献一覧と年譜付。

ラカン
フィリップ・ヒル
新宮一成／村田智子訳
フロイトの精神分析学の跡を受け構造主義思想に多大な影響を与えたジャック・ラカン。きわめて難解とされるその思想をビジュアルに解く。（新宮一成）

デリダ
ジェフ・コリンズ
鈴木圭介訳
「脱構築」「差延」の概念で知られるデリダ。現代思想に偉大な軌跡を残したその思想をわかりやすくビジュアルに紹介。丁寧な年表、書誌を付す。

ベンヤミン
ケイギル／コールズ／アピニャネジ
久保哲司訳
〈批評〉を哲学に変えた思想家ベンヤミン。親和力、多孔質、アウラ、廃墟などのテーマを通してその思想の迷宮をわかりやすく解説。詳細な年譜・文献付。

フーコー
リディア・アリックス・フィリンガム
モシュ・シュッサー絵
栗原仁／慎改康之編訳
今も広い文脈で読まれている20世紀思想のカリスマ、フーコー。その幅広い仕事と思想にこれ以上なく平明に迫るビジュアルブック。充実の付録資料付。

ビギナーズ 哲学
デイヴ・ロビンソン文
ジュディ・グローヴズ画
鬼澤忍訳
初期ギリシャからポストモダンまで。社会思想や科学哲学も射程に入れ、哲学史を見通すビジュアルガイド。哲学が扱ってきた問題が浮き彫りになる！

ビギナーズ 倫理学
デイヴ・ロビンソン
クリス・ギャラット画
鬼澤忍訳
正義とは何か？　なぜ善良な人間であるべきか？　倫理学の重要論点を見事に整理した、道徳的カオスの中を生き抜くためのビジュアル・ブック。

ビギナーズ『資本論』
マイケル・ウェイン
チェ・スンギョン画
鈴木直監訳　長谷澪訳
『資本論』は今も新しい古典だ！　むずかしい議論や概念を、具体的な事実や例を通してわかりやすく読み解き、今読まれるべき側面を活写する。（鈴木直）

自我論集
ジークムント・フロイト
竹田青嗣編
中山元訳
フロイト心理学の中心、「自我」理論の展開をたどる新編・新訳のアンソロジー。「快感原則の彼岸」「自我とエス」など八本の主要論文を収録。

エロス論集
ジークムント・フロイト
中山元編訳
フロイト精神分析の基幹、性欲、エディプス・コンプレックスについての理論の展開をたどる。『性理論三篇』「ナルシシズム入門」などを収録。

明かしえぬ共同体
M・ブランショ
西谷修 訳
G・バタイユが孤独な内的体験のうちに失うという形で見出した〈共同体〉。そして、M・デュラスが描いた奇妙な男女の不可能な愛の〈共同体〉。

精神疾患とパーソナリティ
ミシェル・フーコー
中山元 訳
観察者の冷やかな視点を排し、狂気の側に立って「精神疾患」を考察した一九五四年刊の処女作。構造主義的思考の萌芽を伝える恰好の入門書。

フーコー・コレクション（全6巻＋ガイドブック）
ミシェル・フーコー
小林康夫／石田英敬／松浦寿輝編
20世紀最大の思想家フーコーの活動を網羅した『ミシェル・フーコー思考集成』。その多岐にわたる思考のエッセンスをテーマ別に集約する。

フーコー・コレクション1 狂気・理性
ミシェル・フーコー
小林康夫／石田英敬／松浦寿輝編
第1巻は、西欧の理性がいかに狂気を切りわけてきたかという最初期の問題系をテーマとする諸論考。〝心理学者〟としての顔に迫る。（小林康夫）

フーコー・コレクション2 文学・侵犯
ミシェル・フーコー
小林康夫／石田英敬／松浦寿輝編
狂気と表裏をなす「不在」の経験として、文学がフーコーによって読み解かれる。人間の境界＝極限を、その言語活動に探る文学論。（小林康夫）

フーコー・コレクション3 言説・表象
ミシェル・フーコー
小林康夫／石田英敬／松浦寿輝編
ディスクール分析を通しフーコー思想の重要概念も精緻化されていく。『言葉と物』から『知の考古学』へ研ぎ澄まされる方法論。（松浦寿輝）

フーコー・コレクション4 権力・監禁
ミシェル・フーコー
小林康夫／石田英敬／松浦寿輝編
政治への参加とともに、フーコーの主題として「権力」の問題が急浮上する。規律社会に張り巡らされた巧妙なるメカニズムを解明する。（松浦寿輝）

フーコー・コレクション5 性・真理
ミシェル・フーコー
小林康夫／石田英敬／松浦寿輝編
どのようにして、人間の真理が〈性〉にあるとされてきたのか。欲望的主体の系譜を遡り、「自己の技法」の主題へと繋がる論考群。（石田英敬）

フーコー・コレクション6 生政治・統治
ミシェル・フーコー
小林康夫／石田英敬／松浦寿輝編
西洋近代の政治機構を、領土・人口・治安など、権力論から再定義する。近年明らかにされてきたフーコー最晩年の問題群を読む。（石田英敬）

フーコー・コレクション
フーコー・ガイドブック
ミシェル・フーコー
小林康夫／石田英敬／松浦寿輝編
20世紀の知の巨人フーコーは何を考えたのか。主要著作の内容紹介・本人による講義要旨・詳細な年譜で、その思考の全貌を一冊に完全集約！

わたしは花火師です
ミシェル・フーコー
中山元訳
自らの軌跡を精神病理学と文学との関係で率直に語った表題作を始め、フーコー中期の貴重な肉声を伝えるオリジナル編集のインタヴュー・講演集。

間主観性の現象学　その方法
エトムント・フッサール
浜渦辰二／山口一郎監訳
主観や客観、観念論や唯物論を超えて「現象」そのものを解明したフッサール現象学の中心課題。現代哲学の大きな潮流「他者」論の成立を促す。本邦初訳。

間主観性の現象学Ⅱ
エトムント・フッサール
浜渦辰二／山口一郎監訳
フッサール現象学のメインテーマ第Ⅱ巻。自他の身体の構成から人格的生の精神共同体までを分析し、真の関係性を喪失した孤立する実存の限界を克服。

風土の日本
オギュスタン・ベルク
篠田勝英訳
自然を神の高みに置く一方、無謀な自然破壊をする日本人の風土とは何か？　フランス日本学の第一人者による画期的な文化・自然論。（坂部恵）

空間の日本文化
オギュスタン・ベルク
宮原信訳
都市などの日本文化特有の有機的な空間性を多面的に検証し、統一的な視座を提出。フランス日本学第一人者による画期的な日本論。（隈研吾）

ベンヤミン・コレクション1
ヴァルター・ベンヤミン
浅井健二郎編訳
久保哲司訳
ゲーテ『親和力』論、アレゴリー論からボードレール論を経て複製芸術論まで、ベンヤミンにおける近代の意味を問い直す、新訳のアンソロジー。

ベンヤミン・コレクション2
ヴァルター・ベンヤミン
浅井健二郎編訳
三宅晶子ほか訳
中断と飛躍を恐れぬ思考のリズム、巧みに布置された理念やイメージ。手仕事的細部に感応するエッセイの思想の新編・新訳アンソロジー、第二集。

ベンヤミン・コレクション3
ヴァルター・ベンヤミン
浅井健二郎編訳
久保哲司訳
過去／現在を思いだすこと――独自の歴史意識に貫かれた《想起》実践の各篇「一方通行路」「ドイツの人びと」「ベルリンの幼年時代」などを収録。

命題コレクション　哲学　坂部恵／加藤尚武　編

ソクラテスからデリダまで古今の哲学者52名の思想について、日本の研究者がひとつの言葉（命題）を引用しながら丁寧に解説する。

命題コレクション　社会学　作田啓一／井上俊　編

社会学の生命がかよう具体的な内容を、各分野の第一人者が簡潔かつ読んで面白い48の命題の形で提示した、定評ある社会学辞典。（近森高明）

貨幣論　岩井克人

貨幣とは何か？　おびただしい解答があるこの命題に、『資本論』を批判的に解読することにより最終解答を与えようとするスリリングな論考。

二十一世紀の資本主義論　岩井克人

市場経済にとっての真の危機、それは「ハイパー・インフレーション」である。21世紀の資本主義のゆくえ、市民社会のありかたを問う先鋭的論考。

相対主義の極北　入不二基義

絶対的な真理など存在しない――こうした相対主義の論理を極限まで純化し蒸発させたとき、そこに現れる「無」以上の「無」とは？　（野矢茂樹）

カントはこう考えた　石川文康

カントの根源的な問いとは何だったのか。『純粋理性批判』の核心を読み解き、「理性」の起死回生ドラマをわかりやすく解き明かす画期的入門書。

論理的思考のレッスン　内井惣七

どうすれば正しく推論し、議論に勝てるのか。なぜ、どこで推理を誤るのか？　推理のプロから15のレッスンを通して学ぶ、思考の整理法と論理学の基礎。

知の構築とその呪縛　大森荘蔵

西欧近代の科学革命を精査することによって、二元論による世界の死物化という近代科学の陥穽を克服する方途を探る。（野家啓一）

ヘーゲルの精神現象学　金子武蔵

ヘーゲルの主著『精神現象学』の完訳を果たした著者による平易な入門書。晦渋・難解な本文に分け入り、ヘーゲル哲学の全貌を一望する。（小倉志祥）

ウィトゲンシュタイン『論理哲学論考』を読む　野矢茂樹

二〇世紀哲学を決定づけた『論考』を、きっちりと理解しその生き生きとした声を聞く。真に読みたい人のための傑作読本。増補決定版。

入門　近代日本思想史　濱田恂子

文明開化以来、日本は西洋と対峙しつつ独自の哲学思想をいかに育んできたのか。明治から二十世紀末まで、百三十年にわたる日本人の思索の歩みを辿る。

忠誠と反逆　丸山眞男

開国と国家建設の激動期における、自我と帰属集団への忠誠との相剋を描く表題作ほか、幕末・維新期をめぐる諸論考を集成。（川崎修）

気流の鳴る音　真木悠介

カスタネダの著書に描かれた異世界の論理に、人間ほんらいの生き方を探る。現代社会に抑圧された自我を、深部から解き放つ比較社会学的構想。

日本数寄　松岡正剛

「趣向」こそがニッポンだ。意匠に文様、連歌に能楽、織部に若冲……。時代を往還する取り合わせのキワと核心。（芳賀徹）

日本流　松岡正剛

日本文化に通底しているもの、失われつつあるものとは。唄、画、衣装、庭等を紹介しながら、多様で一途な「日本」を抽出する。（田中優子）

五輪書　宮本武蔵　佐藤正英校注／訳

苛烈な勝負を経て自得した兵法の奥義。広く人生の修養・鍛錬の書として読まれる。『兵法三十五か条の書』『独行道』を付した新訳・新校訂版。

森有正エッセー集成（全5巻）　森有正　二宮正之編

内面からの西欧把握と、それに対応しての日本認識を自らの命題とし、日々の生活を通して思想経験にまで高めた、前人未到の精神的営為を集成。

森有正エッセー集成1　森有正　二宮正之編

普遍的な価値の追究。単行本『バビロンの流れのほとりにて』と『流れのほとりにて』に、日記（一九五四—五七年）を収録。（二宮正之）

ちくま学芸文庫

スピノザ『神学政治論《しんがくせいじろん》』を読《よ》む

二〇一四年六月十日 第一刷発行
二〇二二年十月十五日 第二刷発行

著者 上野修（うえの・おさむ）

発行者 喜入冬子
発行所 株式会社 筑摩書房
東京都台東区蔵前二―五―三 〒一一一―八七五五
電話番号 〇三―五六八七―二六〇一（代表）
装幀者 安野光雅
印刷所 中央精版印刷株式会社
製本所 中央精版印刷株式会社

ISBN978-4-480-09625-8 C0110